KOCHEN für Freunde

Besuchen Sie uns im Internet:
www.droemer-weltbild.de

Die Folie des Schutzumschlags sowie die Einschweißhülle sind PE-Folien und biologisch abbaubar. Dieses Buch wurde auf chlor- und säurefreiem Papier gedruckt.

Umschlaggestaltung: Paxmann Teutsch Buchprojekte
Umschlagfoto: dpa, München/Jörg Schmitt
Fotos: Martina Meuth
Videograbs: WDR ServiceZeit Essen und Trinken, hergestellt von Imhoff, Realisation
Gesamtherstellung: Paxmann/Teutsch Buchprojekte, München
Druck und Bindung: Appl, Wemding
Printed in Germany
ISBN 3-426-27223-7

5 4 3

Martina Meuth
Bernd Neuner-Duttenhofer

KOCHEN für Freunde

Das Begleitbuch zur
WDR
ServiceZeit
Essen und Trinken

Redaktion der Sendung: Rainer Nohn

Droemer

INHALT

Vorwort

Fast alle Hobbyköche haben es schon erlebt: Man hat Freunde eingeladen und möchte ihnen mit einem leckeren selbst zubereiteten Essen eine Freude machen. Erst die Überlegung, was soll auf den Tisch kommen? Es soll etwas Besonderes sein, was die Freunde noch nicht kennen. Oft lädt ein Freundeskreis sich ja wechselweise ein und immer versucht der eine den anderen ein bisschen zu übertreffen.
Es darf aber nichts allzu Kompliziertes sein. Denn nichts ist schlimmer, als wenn etwas misslingt und erklärt wird, man habe alles so gemacht, wie es im Rezept steht, aber irgendetwas sei wohl schief gegangen. Es muss etwas sein, das sich gut vorbereiten lässt, denn wenn die Freunde beim Essen sitzen und der Gastgeber nur in der Küche steht und den nächsten Gang vorbereitet, macht das auch keine rechte Freude. Dann beginnt die Suche nach den passenden Rezepten für ein solches besonderes, nicht zu kompliziertes, gut vorzubereitendes Essen. Und da erinnert sich der Hobbykoch gerne an Fernsehsendungen, in denen vorgekocht wird, was er nachmachen soll. Denn dafür sind solche Sendungen ja gedacht. Martina Meuth und Bernd Neuner-Duttenhofer sind in diesem Jahr von einer großen Programmzeitschrift zu den besten Fernsehköchen gewählt worden. Die Qualität einer Kochsendung steht und fällt damit, ob die dargestellten Rezepte für den Zuschauer nachzuvollziehen sind. Das verlangt von den Fernsehköchen das entsprechende Know-how. Für die Umsetzung ist das Fernsehteam zuständig. Hier hat der Regisseur und Produzent Arno Imhoff, der mit seinem Team die Sendung in der Küche der beiden Köche produziert, einen erheblichen Anteil am Erfolg der Sendereihe. Die Abläufe müssen stimmen, auch wenn der eine oder andere Arbeitsgang gerafft wird und die ›Dramaturgie‹ der einzelnen Teile muss von der Länge und Reihenfolge her richtig gebaut sein.
Das klappt nur, wenn die Köche und das Team bestens miteinander harmonieren. Die Stimmung im Kochstudio jedenfalls ist immer ruhig und gelassen, fröhlich und locker. Das sieht man den Sendungen hoffentlich auch an.
Besonders gefällt den Zuschauern immer wieder, wie Martina und Moritz (so sein Spitzname) sich die Bälle zuspielen und sie ihn hin und wieder ›belehrt‹.

Seit 1988 kochen die beiden einmal monatlich für die Fernsehzuschauer. Erst im »Ratgeber Essen und Trinken« in der ARD, seit 1997 in der »ServiceZeit Essen und Trinken« im WDR-Fernsehen. Andere dritte Programme übernehmen gerne und oft diese Sendungen, die zu den erfolgreichsten Informationssendungen gehören.

Aber was ist eine Kochsendung ohne Begleitinformation? Denn der Zuschauer möchte noch einmal in Ruhe nachlesen, was die Sendung an Rezepten vorgestellt hat.
Der WDR hat dazu ein ganzes System von zusätzlichen Informationen aufgebaut: die Rezepte sind in Kurzform per Infoblatt oder Fax-Abruf zu beziehen. Jeweils ein bis zwei Rezepte sind im WDR-Text verzeichnet. Alle Rezepte stehen im Internet, neuerdings auch mit erklärenden Bildern (www.servicezeit.de/essen).
Aber das Begleitbuch zu der Sendereihe ist selbstverständlich das beste Instrument, um die Rezepte der Sendungen übersichtlich, thematisch geordnet und anschaulich darzustellen. Ein Griff in den

Bücherschrank, und man hat es und kann es sich auf den Küchentisch legen. Das Begleitbuch enthält natürlich mehr Rezepte zu jedem Thema, als in der Sendung vorkommen. Dieses Buch basiert auf den Sendungen des Jahres 1999. Jeweils ein Nahrungsmittel steht im Mittelpunkt einer Sendung. Ein Thema mit Variationen, würde man in der Musik sagen. Und unsere Kochkünstler komponieren in der Tat ihre Rezepte. So einfach wie möglich, so raffiniert wie nötig lautet ihr Leitmotiv. Sie bauen ihre Rezepte so auf, dass jeder sie versteht und nachahmen kann. Bevor sie ein Rezept veröffentlichen, haben sie es mehrfach ausprobiert. Was zu kompliziert ist, wird vereinfacht. Dabei denken sie immer an Sie, liebe Gastgeber, die Sie das Rezept ja mal in die Tat umsetzen wollen, ohne einen Reinfall zu erleben. Aber die Rezepte haben immer auch eine extravagante Note. Mal sind es exotische Kräuter und Gewürze, mal sind es südländische Zutaten, die sie in ihre Rezepte einbauen. Und schon bekommt das eigentlich einfache Rezept den richtigen Pfiff, der Eindruck macht.
Nun denn ans Werk, liebe Gastgeber! Wenn Sie mal wieder Freunde eingeladen haben, greifen Sie zu diesem Buch und überraschen Sie Ihre Gäste. Lassen Sie sich von diesem Buch inspirieren, versuchen Sie mal selbst etwas auszuprobieren und eigene Ideen zu realisieren.
Wenn Ihre Freunde Sie dann nach dem gelungenen Essen loben, sind auch wir zufrieden. In diesem Sinne wünsche ich Ihnen viel Erfolg, Anerkennung und Freude beim Kochen für Ihre Freunde.

Rainer Nohn
Redakteur der »ServiceZeit Essen und Trinken«

FRÜHLING

Frühling

Wenn die Frühlingssonne schon so kräftig ist, dass man die Tafel endlich wieder im Freien aufbauen kann, zieht es uns unwiderstehlich hinaus. Natürlich bitten wir früh zu Tisch, solange es hell ist: Das kann am Vormittag sein, zum Brunch, oder am frühen Abend, zu einem nach Frühlingskräutern duftenden Menü. Gibt es Schöneres, als mit seinen Freunden draußen zu sitzen, zu essen, zu trinken, dabei zu lachen, zu schwatzen – zu genießen.

Bärlauch und andere Wildkräuter

Leicht und schlank in den Frühling

Es gibt doch nichts Schöneres, als im Frühling über die Wiesen zu schlendern, zu suchen und zu sammeln, was uns die Natur jetzt schon Essbares bietet! Zum Beispiel die Pimpinelle, den Ackersalat, den Quendel, die Rauke und die Knoblauchrauke, den Giersch, die Taubnessel und eine Menge mehr… Manche Kräuter werden gepflückt, andere geschnitten oder sogar mit einem langen Messer aus dem Boden gestochen. Den Löwenzahn beispielsweise sticht man, noch bevor sich die hübsche gelbe Blüte entwickelt hat. Die kleinen, kugelrunden Knospen, die sich in der Mitte der Blattrosette befinden, schmecken besonders gut. Man muss möglichst tief stechen, damit man das erwischt, was unter der Erde sitzt und noch weiß und zart ist. Früher hat man aus den Knospen sogar Kapern hergestellt: sie wurden in Essig eingelegt, wie Gewürzgurken, und eine Weile mariniert. Dann schmeckten sie würzig und gut, zwar nicht wie Kapern, aber sie sahen wenigstens ähnlich aus…

Auch Blümchen sind erwünschte Beute

Veilchen, Schlüsselblumen, Gänseblümchen, die blasslila Blüten vom Wiesenschaumkraut – nicht nur als Tischschmuck: Blüten kann man essen. Mit ihnen schmecken unsere Gerichte nicht nur köstlich, sondern sehen auch noch bildschön aus. Man streut sie ganz zum Schluss über den angerichteten Teller oder über den Salat.

Die Brunnenkresse

Man kann sie von der falschen Kresse ganz leicht unterscheiden: Die echte Bach- oder Brunnenkresse ist dunkelgrün und hat runde Blättchen. An ihren verzweigten Ästchen sitzen mit zunehmendem Alter weiße Fäden. Sie gedeiht in klaren, absolut sauberen Bächen. Wer eine Stelle kennt, kann dort ernten. Es wird niemand etwas dagegen haben. Durch regelmäßiges Kürzen wird die Kresse klein gehalten, was gut für den Bach ist: Er kann dann besser fließen.

Der Bärlauch

Für ungeübte Augen mag er den Maiglöckchen ähnlich sehen, aber wer genau hinschaut und die Nase aufsperrt, merkt schnell, dass sich beide erheblich und unverwechselbar voneinander unterscheiden. Denn Bärlauch riecht deutlich nach Knoblauch, die giftigen Maiglöckchenblätter dagegen riechen gar nicht! Auch sind die Blätter dünner und zarter als die von Maiglöckchen, empfindlich gegen Druck. Man sollte sie jung ernten, wenn sie noch fast transparent sind. Später können sie zäh sein, auch schmecken sie dann zu intensiv.

Der Löwenzahn

Man kann vor allem im Winter in guten Gemüseläden gebleichten Löwenzahn kaufen. Er schmeckt herrlich im Salat; auch ihn kann man gut mit geröstetem Speck anmachen oder als Farbtupfer im Wintersalat verwenden. Ähnlich ist der so genannte Catalogna aus Süditalien. Er sieht zwar aus wie eine dickere, kräftigere Abart von Löwenzahn, ist aber keiner – man isst ihn in Italien eher gedünstet als Gemüse als roh im Salat. Im Frühling jedoch geht nichts über den echten, den zarten, jungen Löwenzahn, der bei uns überall in den Wiesen wächst und im Garten als Unkraut verdammt wird. Dabei ist er ein herrlicher frühlingsfrischer Salat, der blutreinigend wirkt, neue Kräfte gibt, für Vitamine und Ballaststoffe sorgt. Wie überhaupt Frühlingskräuter überaus gesund und bekömmlich sind: Das erste Grün sorgt dafür, dass die Winterdefizite ausgeglichen werden!

Die Brennnessel

Wer empfindlich ist, sollte sie nur mit Handschuhen pflücken, sonst schmerzt's nachhaltig. Aber keine Angst: nach dem Blanchieren benehmen sich die Brennnesseln handzahm und brennen nicht mehr! Sie werden wie normaler Spinat behandelt: blanchiert und dann mit Zwiebel und Knoblauch kurz gedünstet. Wer mag, kann die Brennnesseln anschließend noch pürieren – ergibt ein leuchtend grünes, intensiv duftendes Mus, mit dem man Kartoffelpüree oder Nudelteig fabelhaft einfärben kann.

Taubnesseln

Die zahmen Verwandten der Brennnesseln – sie brennen nicht – kann man auch roh im Salat essen. Die hübschen Blüten aus ihrem Kelch pflücken und als Dekoration über das Gemüse oder in den Salat streuen.

Der Giersch

Kaum ein Gärtner, der ihn nicht verflucht: Denn wo der Giersch mal drinsteckt, da kriegt man ihn nie wieder heraus. Warum also nicht aus dem Ärger eine Tugend machen und seine angenehmen, nämlich wohlschmeckenden Seiten nutzen? Man verwendet ihn wie Spinat als Gemüse, man kann ihn mit Spinat oder Brennnesseln als Gemüse mischen oder als Füllung für Teigtäschchen sowie Pfannkuchen verwenden.

Die Pimpinelle

Ein Kraut, mit dem man sehr hübsch dekorieren kann – einfach eine Blattrispe mit ihren gleichmäßig runden, hübsch gezackten Blättchen auf den Rand legen! Geschmacklich passt Pimpinelle gut zu Fisch, hervorragend schmeckt sie im Kartoffelsalat, dekorativ und wohlschmeckend ist sie außerdem in jedem bunten Kräutersalat.

Die Knoblauchrauke

Sie macht ihrem Namen wirklich alle Ehre und verströmt intensiven Knoblauchduft. Aber sie verrät einen nicht, wenn man davon gegessen hat. Gut also für alle, die sich während der Woche Knoblauchgenüsse aus Rücksicht auf die Mitmenschen verkneifen. Kann man roh im Salat als Gewürz verwenden, gut auch als Bestandteil im Gemüse – zusammen mit Spinat, Brenn- oder Taubnessel.

Der Feldsalat

Wilder Feld- oder Ackersalat ist unspektakulärer als die Zuchtform. Die Blättchen sind kleiner, schlanker, auch heller. Die kleinen Pflänzchen – manchmal mit Gänseblümchenpflanzen zu verwechseln – wachsen an Böschungen und Wegrändern. Sie schmecken herrlich nussig und nach grasigem Grün zugleich – ein verblüffender Kontrast. Man isst sie wie normalen Feldsalat, entweder pur oder auch in einer Salatmischung aus Wildkräutern.

Wo man sammeln soll und wo nicht!

Es versteht sich geradezu von selbst, dass man nicht entlang von dicht befahrenen Straßen sammeln soll (wegen der Abgase und Schadstoffe), auch nicht auf Viehweiden (wegen der Phosphate). Lieber hält man sich an Wald- und Wegränder oder sogar an die Vorräte, die im eigenen Garten sprießen… und das meist an Stellen, an denen man gar keinen Löwenzahn haben will.

Wie man mit Wildkräutern umgeht

Auch Wildkräuter werden erst einmal geputzt: dicke Stiele, ledrige, zu große Blätter entfernen, Blüten aus ihren Stielen herauszupfen, nicht mitsamt den Stielen verwenden, sodass allein die zarten Blütenblätter übrig bleiben. Es versteht sich, dass man die Kräuter frisch verwendet und nicht tagelang aufbewahrt. Sie welken rascher als normaler Salat oder Gartenkräuter. Bis zum nächsten, höchstens zum übernächsten Tag bleiben die Wildkräuter frisch, wenn man sie lose in ein Salatsieb oder in einen Korb häuft und mit einem feuchten Tuch abdeckt. Natürlich im Kühlschrank oder im kühlen Keller aufbewahren!

Bärlauch-Butterbrot

Das ist Frühling pur: Bärlauchblätter nicht allzu fein hacken, mit einem gewürfelten gekochten Ei vermischen, mit Salz und Pfeffer würzen und schließlich dick auf gebuttertes Vollkornbrot packen. Gänseblümchen dazwischen verteilen. Dazu ein Glas Buttermilch – ein Imbiss, der blutreinigend wirkt, belebend ist und frühlingsfrische Spannkraft gibt!

Pro Person:

1 Ei,
1 dünne Scheibe Vollkornbrot,
1 EL Butter,
eine Hand voll zarte Bärlauchblätter,
Salz,
Pfeffer,
Gänseblümchen

3

4

1 Das Ei anpieksen, in knapp neun Minuten nicht ganz hart kochen, dann abschrecken.

2 Die Brotscheibe dick mit Butter bestreichen.

3 Die Bärlauchblätter erst längs, dann quer in feine Streifen schneiden. Mit dem gewürfelten Ei (geht mit dem Eierschneider schnell und gleichmäßig), Salz und Pfeffer mischen.

4 Hoch auf die Brotscheibe häufen und gut fest drücken. Gänseblümchen dekorativ auf der Oberfläche verteilen.

Spaghetti mit Bärlauchpesto

Eine leuchtend grüne, knoblauchduftende Sauce mit Mandeln und Parmesan. Wem der Bärlauch allein zu intensiv und allzu knoblauchwürzig schmeckt, der kann die Hälfte durch Spinatblätter ersetzen – das gibt genügend Masse für die Sauce und sorgt ebenfalls für eine schöne grüne Farbe.

Für 4 Personen:

500 g dünne Spaghetti,
Salz

Pesto:

50 g Mandeln,
2–3 Hand voll zarte Bärlauchblätter,
eventuell nach Belieben eine Hand voll Spinatblätter,
50 g frischer Parmesan (am Stück),
Salz,
Pfeffer,
5 EL Olivenöl,
1 kleine Schöpfkelle voll heißes Nudelkochwasser
Gänseblümchen oder Schlüsselblümchen

3

4

1 Die Spaghetti in reichlich kochendem Salzwasser bissfest kochen (nach Packungsaufschrift!).

2 Für den Pesto die Mandeln mit kochendem Wasser überbrühen, kurz ziehen lassen, dann abgießen und kalt abschrecken. Die Haut abschnippsen.

3 Die Mandeln mit dem Bärlauch (und Spinat) sowie dem in Stückchen gebrochenen Parmesan in den Mixer füllen, sparsam salzen (der Käse ist salzig genug), mutig pfeffern und sofort die Hälfte des Öls hinzufügen, schließlich den Motor einschalten. In die laufende Maschine das restliche Olivenöl träufeln, schließlich behutsam so viel vom heißen Nudelwasser dazu, bis die Sauce ihre richtige, nämlich cremige Konsistenz erreicht hat.

4 Die Sauce abschmecken – die heißen Spaghetti tropfnass damit vermischen und sofort auf vorgewärmten Tellern anrichten. Mit Gänseblümchen- oder Schlüsselblumenblüten dekorieren und sofort servieren.

TIPP

Diese Sauce passt auch glänzend zu gekochtem Rindfleisch oder zu jungen Pellkartoffeln.

Löwenzahnsalat mit Speck und Knoblauchcroûtons

Den Löwenzahn möglichst tief aus dem Boden stechen, besonders gut schmecken die kleinen, runden Knospen, die sich in der Mitte der Blattrosette verstecken.

Für 4 Personen:

4 große Hand voll sorgfältig ausgestochener Löwenzahn,
150 g luftgetrockneter durchwachsener Speck in dünnen Scheiben,
Pfeffer aus der Mühle,
3 EL aromatischer Essig,
ca. 3 EL bestes kaltgepresstes Öl (nach Geschmack: Sonnenblumen-, Raps-, Mohn- oder Olivenöl)

Knoblauchcroûtons:

2–3 Scheiben Weißbrot (Bäckertoastbrot) oder Bauernbrot,
2–3 EL Öl,
3 Knoblauchzehen

1 Den Löwenzahn sorgfältig verlesen, sämtliche welken, nicht intakten Blätter aussortieren, die restlichen Blätter gründlich, also mehrmals waschen. In einem Sieb kräftig trockenschütteln.

2 Den Speck in sehr feine Streifen schneiden, in einer heißen Pfanne behutsam auslassen – dabei soll das Fett ausbraten, aber der Speck nur sanft, nicht zu stark bräunen.

3 Den Löwenzahn in einer Schüssel mit Pfeffer und Essig locker mischen. Unmittelbar vor dem Servieren das Fett aus der Pfanne wegkippen, die Speckstreifen über den Salat streuen, dabei gleichzeitig das frische Öl darüber träufeln.

4 Den Salat rasch mischen, sofort mit den Croûtons bestreuen und sofort servieren.

5 Die Knoblauchcroûtons kann man gut vorbereiten: Dafür die Brotscheiben in gut zentimetergroße Würfel schneiden, im heißen Öl langsam golden braten. Den Knoblauch erst gegen Ende der Bratzeit hinzupressen, damit er nicht verbrennt.

TIPP

Der Löwenzahnsalat ist eine herrliche Vorspeise in einem Frühlingsmenü. Mit frischen Pellkartoffeln wird eine ganze frühlingsleichte Mahlzeit daraus.

Brennnesselspinat mit pochierten Eiern auf Kartoffelpüree

Für 4 Personen:

1 große Schüssel voll Brennnesselspitzen,
Salz,
1 Zwiebel,
2–3 EL Butter,
3 Knoblauchzehen,
Pfeffer,
Muskat

Pochierte Eier:

2 EL Essig
4 frische Eier
(siehe auch Tipp S. 39),

Kartoffelpüree:

1,2 kg Kartoffeln,
Salz,
ca. 1/4 l Milch,
2 EL Butter,
Muskat

1 Die Brennnesseln in kochendes Salzwasser werfen, sofort wieder abgießen und in eiskaltem Wasser abkühlen, damit sich die schöne grüne Farbe stabilisiert.

2 Zwiebel fein würfeln, in heißer Butter andünsten, den Knoblauch durch die Presse zufügen. Erst wenn die Zwiebel weich gedünstet ist – bitte nicht bräunen! –, die gut abgetropften Brennnesselspitzen zufügen und untermischen. Mit Salz, Pfeffer und einer guten Prise Muskat würzen.

3 Wasser in einem möglichst tiefen Topf aufsetzen. Sobald es kocht, mit Essig würzen. Die Eier nacheinander in eine Tasse aufschlagen, aus dieser jeweils vorsichtig in das kochende Wasser gleiten lassen. Die Eier etwa fünf bis sechs Minuten gar ziehen lassen – ihr Eiweiß sollte gestockt, das Eigelb flüssig bis cremig weich sein.

4 Die Kartoffeln geschält nur knapp von Salzwasser bedeckt 20 Minuten weich kochen. Das Wasser abgießen, aber auffangen. Erst die Milch, dann die Butter zufügen. Mit einem Kartoffelstampfer zu einem glatten Püree zerdrücken, dabei so viel Kochwasser zufügen, dass es die gewünschte Konsistenz bekommt. Mit Salz und Muskat abschmecken.

5 Zum Servieren jeweils einen Klecks Kartoffelpüree in die Mitte eines Tellers setzen und etwas flach streichen. Darauf ein Nest von Brennnesselspinat betten und in die Mitte jeweils ein pochiertes Ei setzen.

Gedünstete Morcheln

Wer das Glück hat, ein paar frische Morcheln zu finden – auf der Wiese oder im Feinkostladen–, kann seinem Frühlingsessen damit noch die Krone aufsetzen:

Für 2 Personen:

200 g frische Morcheln,
2 EL Butter,
1 Schalotte,
Salz,
Pfeffer,
1–2 EL Madeira oder Amontillado-Sherry

1

2

1 Die Morcheln sehr gründlich waschen, möglichst unter fließendem Wasser, damit wirklich aller Sand aus ihren Falten gespült wird. Die Morcheln klein schneiden – entweder in Streifen schneiden oder einfach halbieren, vierteln oder sogar achteln – je nach Größe.

2 In der Butter die fein gewürfelte Schalotte andünsten, die Morcheln zufügen und etwa fünf Minuten leise dünsten. Dabei mit Salz und Pfeffer würzen.

3 Zum Schluss mit einigen Tropfen Madeira oder aromatischem Sherry abschmecken.

BRUNNENKRESSESÜPPCHEN

Ein Grundrezept, nach dem man mit allen anderen Wild- oder Gartenkräutern ebenso eine Cremesuppe herstellen kann. Wichtig ist die fein geriebene Kartoffel, die der Suppe ihre Bindung gibt und daher jegliches Andicken mit Mehl überflüssig macht.

Für 4 Personen:

1 Zwiebel,
2–3 Knoblauchzehen,
2 EL Butter,
1 dicke Kartoffel,
1/2 l Hühner- oder Gemüsebrühe,
2 große Hände voll Brunnenkresse,
1–2 EL Crème fraîche,
Salz,
Pfeffer,
einige Tropfen Worcestershiresauce

3

5

1 Zwiebel und Knoblauch schälen, würfeln und in der heißen Butter andünsten.

2 Die Kartoffel schälen, auf der feinen Reibe zerkleinern und unterrühren. Mit Brühe auffüllen und zugedeckt 20 Minuten köcheln.

3 Inzwischen die Brunnenkresse verlesen, welke oder beschädigte Blätter sowie dicke Stiele entfernen. Die guten und schönen Kräuterblätter in den Topf rühren und etwa 5 Minuten zusammenfallen lassen.

4 Mit dem Pürierstab oder im Mixer fein pürieren, erst jetzt die Crème fraîche untermixen, die Suppe mit Salz, Pfeffer und Worcestershiresauce kräftig abschmecken.

5 Mit Vollkornbrotcroûtons bestreut servieren.

Frischkäsekugeln mit buntem Wildkräutersalat

In den Salat wandert alles, was man auf der Wiese an Essbarem findet: Vogelmiere, junge Gierschblätter, Hirtentäschel, Pimpinelle, Wasserkresse, Ackersalat, Taubnessel, wilde Rauke, Quendel, Portulak, Knoblauchrauke, Schlüsselblümchen, Gänseblümchen, Wiesenkümmel, Veilchen, die Knospen der Sumpfdotterblume.

Für 4 Personen:

300 g Frischkäse,
Salz,
grob geschroteter Pfeffer

Frühlingskräutersalat:

eine Schüssel voller bunt gemischter Kräuter, Blüten und Salatblätter

Marinade:

Salz,
grob geschroteter Pfeffer,
1 EL Senf,
3–4 EL aromatischer, nicht zu saurer Essig (etwa Apfelessig – oder Sherry-Essig mit Balsamessig gemischt),
4 EL duftendes Olivenöl (natürlich extra vergine)

1

2

1 Den Frischkäse nur wenn nötig mit Salz würzen. Mit angefeuchteten Händen kleine Kugeln daraus formen. Diese in grob geschrotetem Pfeffer wälzen, bis sie davon rundum überzogen sind.

2 Für den Salat die Zutaten der Marinade mit einem Schneebesen zusammenrühren, eventuell einen kleinen Schuss Gemüse- oder andere Brühe hinzufügen, es kann auch ein Schuss Buttermilch sein, bis die Marinade cremig emulgiert.

3 Die Salatblätter in dieser Marinade wenden.

4 Zum Servieren auf dem Teller ein Salatbett anrichten, darauf die Käsekugeln anrichten. Dazu geröstetes Graubrot reichen, herzhaftes Bauernbrot oder einfach Baguette.

TIPP

Mit heißen Kartoffeln kombiniert, wird hieraus ein komplettes Frühlingsmenü.

Frisch und bunt: Der Quer-durch-den-Garten-Salat

Es ist einer jener Salate, für die Sie kein präzises Rezept brauchen, sondern Anregungen, nach denen Sie improvisieren. In jedem Fall handelt es sich um einen Salat, der eine komplette Mahlzeit darstellt, der sich rasch zubereiten lässt, der leicht und auch bekömmlich ist.

Für 4 Personen:

von jedem eine Hand voll Blätter, etwa:
Kopfsalat,
Schnittsalat
dunkle und helle Sorten wie Eichblatt,
Lollo rosso,
Batavia,
Radicchio,
auch Brunnenkresse,
Gartenkresse,
Spinat,
Rauke

Feste Salatgemüse:

je eine kleine oder halbe Paprikaschote in Rot, Gelb, Orange, Lila und Grün,
100 g dunkle Champignons,
Zitronensaft,
1 Bund Radieschen,
1 Salatgurke,
2 Fleischtomaten,
eine Hand voll gemischte Kräuter, wie z. B.
glatte Petersilie,
Kerbel,
Zitronenmelisse,
Portulak

Weitere Salatzutaten:

etwa 100 g Schnittkäse in dünnen Scheiben,
100 g gekochter Schinken in 3 mm dicken Scheiben,
2 Weißbrotscheiben,
2 EL Butter,
1 Knoblauchzehe für die Croûtons

Für die Marinade:

1/2 TL Salz,
reichlich Pfeffer aus der Mühle,
2 EL Weißweinessig,
1 TL scharfer Senf,
2 EL Zitronensaft,
4–5 EL Öl

1 Alle Salatzutaten putzen, waschen und vorbereiten: Blätter zerzupfen, Paprika mit dem Kartoffelschälmesser häuten, in akkurate Würfel oder in Rhomben schneiden. Champignons in Stifte hobeln, sofort mit Zitronensaft beträufeln, damit sie sich nicht verfärben.

2 Die Radieschen ebenfalls würfeln oder stifteln. Gurke und die Tomaten entsprechend klein schneiden. Den Käse und Schinken in Quadrate, Rhomben, Würfel teilen. Bei allem darauf achten, dass die Zutaten ähnliche Größe haben. Die Kräuter dazugeben.

3 Das Weißbrot ca. 1 cm groß würfeln, in der heißen Butter rundum knusprig bräunen, die Knoblauchzehe aber erst gegen Ende der Bratzeit durch die Presse hinzufügen, damit sie nicht verbrennen kann.

4 Die Zutaten für die Marinade mit einem Schneebesen oder im Mixbecher cremig aufschlagen. Über die Salatzutaten gießen und sie behutsam mischen. Erst jetzt die nur noch lauwarmen Croûtons darüber streuen, sofort servieren.

Der ideale Imbiss: Speck-Salat-Tomaten-Snack

Die Idee leitet sich vom so genannten Club-Sandwich ab und stammt aus Amerika, wo man diese Art von Imbiss zu schätzen weiß.

Für 2 Personen:

4 dünne Scheiben Frühstücksspeck,
2 gebratene Hühnerbrüstchen (fertig gekauft),
1 Tomate,
1/2 Salatgurke,
2–4 Cornichons,
1 kleine rote Zwiebel,
1 hart gekochtes Ei (dessen Dotter noch cremig ist),
4 EL Salatcreme,
2 EL Schnittlauch-Röllchen,
je 1 TL Chilisauce,
Sojasauce und Worcestershiresauce,
Salz,
Pfeffer,
1 großzügige Hand voll knackiger, gelber Innenblätter vom Kopfsalat,
4 Scheiben Graubrot,
Vollkorn- oder normales weißes Toastbrot

1 Die Speckscheiben in einer beschichteten Pfanne braten, auf Küchenpapier abtropfen lassen.

2 Beide Hühnerbrüstchen häuten, schräg in 1/2 cm dünne Scheiben schneiden, jedoch nur dachziegelartig verschieben, nicht in einzelne Scheiben teilen.

3 Die Tomate häuten und in Scheiben schneiden. Die Gurke mit der Schale in Scheiben hobeln.

4 Die Cornichons längs so einschneiden, dass sie am Stielende noch zusammenhängen, sich vorn jedoch wie ein Fächer auseinander schieben lassen.

5 Zwiebel in feine Ringe schneiden, das Ei mit dem Eierschneider in Scheiben teilen.

6 Salatcreme mit Schnittlauch und Würzsaucen mischen, mit Salz und Pfeffer abschmecken.

7 Salatblätter dann waschen und abtrocknen.

8 Alle Brotscheiben toasten und dünn mit Salatcreme bestreichen. Auf zwei Scheiben die vorbereiteten Zutaten verteilen. Mit den Salatblättern beginnen, darauf dann alles andere stapeln, immer wieder einen Klecks Salatcreme dazwischen streichen. Gurke, Ei und Tomate jeweils salzen und pfeffern.

9 Den Turm mit restlichen Salatblättern und den beiden übrigen Brotscheiben abdecken. Er soll so sicher gebaut sein, dass man ihn aus der Hand bequem abbeißen kann.

Grüner Kaninchensalat

Ein bildschöner Vorspeisensalat, der mehr Eindruck als Mühe macht. Statt des Kaninchenrückens kann man auch ein anderes helles Fleisch, zum Beispiel Hähnchenbrust verwenden.

Für 4 Personen:

2 schlanke Zucchini,
100 g feste Spinatblätter (möglichst Herzblätter),
1 Hand voll Brunnenkresse,
150 g stricknadeldünne, grüne Bohnen,
250 g Sommerwirsing (gelbe Innenblätter),
Salz,
2 EL Mayonnaise (selbst gemacht, siehe S. 34, oder aber fertig gekauft),
1 EL Zitronensaft,
2 EL Sherry-Essig,
Pfeffer,
2 EL Schnittlauch-Röllchen,
2 EL Hühnerbrühe,
1 Kaninchenfilet (1/2 ausgelöster Rücken),
2 EL Öl,
1 EL Balsamessig,
Kerbelblättchen

1 Die Zucchini längs in dünne Scheiben hobeln, diese schräg in Rhomben schneiden. Spinat und Kresse verlesen, von den Stielen befreien.

2 Die Bohnenspitzen abknipsen, die Wirsingblätter in 2 cm schmale Streifen schneiden. Beide Gemüse für 3 Minuten in kochendes Salzwasser geben, sodann eiskalt abschrecken, damit die leuchtend grüne Farbe erhalten bleibt.

3 Mayonnaise, Zitronensaft und Essig verquirlen, salzen und pfeffern. Dann Schnittlauch und Hühnerbruhe unterrühren.

4 Das sorgfältig gehäutete, von allen Sehnen und Flachsen gesäuberte Kaninchenfilet im heißen Öl (1 EL zurücklassen) auf allen Seiten sanft, aber nachdrücklich anbraten, bis es rundum golden aussieht. Mit Balsamessig beträufeln, salzen und pfeffern, schließlich dicht in Alufolie einwickeln und neben dem Herd etwa 5–10 Minuten ruhen lassen.

5 Inzwischen den restlichen Löffel Öl in der Pfanne erhitzen, Zucchinischeiben darin schwenken – sie sollen nicht rösten, sondern eben nur hellgrün werden. Sofort salzen und pfeffern.

6 Alle Zutaten (bis auf das Fleisch) in einer flachen, weiten Schüssel vorsichtig mischen, dabei mit Mayonnaise-Marinade beträufeln.

7 Das Fleisch schräg mit einem sehr scharfen Messer in dünne Scheiben schneiden, einzeln im Saft aus der Folie wenden und auf dem Salat hübsch anrichten. Abgezupfte Kerbelblättchen darüber streuen.

Asienduftendes Kalbsfilet auf Feldsalat

Eine hübsche Vorspeise oder kleiner Imbiss, der rasch zubereitet ist. Das Schöne daran: Sämtliche Bestandteile kann man schon lange vor dem Essen herrichten, man braucht sie dann nur noch dekorativ auf Tellern anzurichten, sobald serviert werden soll.

Für 4 Personen:

250 g sorgfältig pariertes Kalbsfilet (von Sehnen und Häuten befreit),
1 EL Öl,
1 EL Sojasauce,
1 EL Sherry,
1/2 TL Zucker,
etwas abgeriebene Schale einer unbehandelten Zitrone,
5 g chinesische Morcheln,
50 g Feldsalat,
1 Chicoréekolben

Für die Salatsauce:

1 EL Rotweinessig,
2 EL Zitronensaft,
2 TL Sesamöl,
3 EL neutrales Öl,
2 EL Sojasauce,
2 Knoblauchzehen,
1 zentimeterlanges Stück, frische Ingwerwurzel,
2 Schalotten,
1 rote Chilischote,
frisches Koriandergrün

1 Kalbfleisch im heißen Öl sanft anbraten, dabei ständig mit einer Marinade aus Sojasauce, Sherry, Zucker und Zitronenschale einpinseln. Wenn es rundum zartbraun ist, in Alufolie wickeln und 20 Minuten im Backofen bei 120 Grad (Gas: Stufe 1) nachziehen lassen, bis alle übrigen Vorbereitungen erledigt sind.

2 Die chinesischen Morcheln mit kochendem Wasser überbrühen und etwa 20 Minuten weichen. Den Feldsalat putzen, dabei die Rosetten unzerteilt lassen. Den Chicorée schräg in zentimeterbreite Streifen schneiden.

3 Für die Salatsauce die flüssigen Zutaten zusammenrühren, Knoblauch und Ingwer, Schalotten und Chili winzig fein würfeln, mit dem Koriandergrün untermischen.

4 Fleisch auspacken, den in der Folie gesammelten Saft zur Marinade gießen.

5 Das Fleisch auf der Aufschnittmaschine in hauchdünne Scheiben schneiden, zusammen mit dem vorbereiteten Salatzutaten auf vier Tellern anrichten. Alles mit der Salatsauce beträufeln, dabei darauf achten, dass die Chiliwürfelchen gut verteilt dazwischen gestreut werden.

Saures **Rindfleisch** auf **Südtiroler** Art

Hier finden Sie Ideen, wie aus gesottenem Rindfleisch eine Vorspeise, ein kleiner Imbiss oder ein ganzes Essen wird.

Für 4 Personen:

3 Zwiebeln,
1/8 l Brühe,
4 EL Weißwein-Essig,
1 dickes Bund glatte Petersilie,
3–4 EL Olivenöl,
400 g gekochtes Rindfleisch,
Salz,
Pfeffer

1 Die Zwiebeln in feine Ringe hobeln. Zwei Minuten in der Brühe kochen, den Essig hinzufügen, vom Feuer ziehen und lauwarm werden lassen.

2 Die Petersilie mit dem Öl im Mixer pürieren. Diese grüne Paste unter den Zwiebelsud geben.

3 Das Rindfleisch dünn aufschneiden, auf einer tiefen Platte anrichten, salzen und pfeffern. Die grüne Zwiebelsauce darüber verteilen. Mindestens 1/2 Stunde ziehen lassen, bevor serviert wird.
Beilage: Krumiges Bauernbrot
Getränk: Ein herber, frischer Südtiroler Weißwein

TIPP

Das Fleisch nicht zu lange auskochen, je nach Sorte etwa zwei bis drei Stunden. Sorgfältig säubern und vollständig mit Brühe bedeckt, mindestens einen Tag lang kalt stellen. Dann hat es sich in seiner Struktur so gefestigt, dass es sich mit der elektrischen Aufschnittmaschine in hauchdünne Scheiben schneiden lässt. Geeignet ist jedes Stück vom Rind, das es verträgt, gekocht zu werden, und gleichzeitig eine kräftige Brühe abgibt. Zum Beispiel Wade (Hesse), Brustkern, der zwischen den dicken Fettschichten besonders saftig bleibt, Bugblatt oder Rippenstück. Das Fleisch wird mit viel Wurzelwerk unterhalb des Siedepunkts sanft gar gezogen, damit es nicht faserig, trocken und zäh wird. Nach zwei, drei Stunden lösen Sie das schiere Fleischstück aus, geben Knorpelstücke, Sehnen, Häute und Fett noch einmal in den Suppentopf und kochen sie länger aus, um die Brühe noch konzentrierter zu machen.

Asienwürziger Rindfleischsalat

Besonders elegant sehen diese Salate mit hauchdünnen Fleischscheiben aus, wenn man sie nicht stramm wie die Zinnsoldaten nebeneinander legt, sondern locker auf den Teller drapiert, so, als ob man sie mit leichter Hand darauf hat fallen lassen.

Für 4 Personen:

2 rote Zwiebeln
1 Möhre
2 Knoblauchzehen
1 daumenstarkes Stück Ingwerwurzel
je 1 rote, gelbe und grüne Chilischote (weniger scharf: Paprikaschoten)
1 Hand voll Koriandergrün und Thaibasilikum
1 Bund chinesischer Schnittlauch oder 2 Frühlingszwiebeln
2 EL Fischsauce (Nuoc Mam oder Nam plaa)
1 EL Sojasauce
1/2 TL Zucker
Pfeffer
2 TL Sesamöl
1 EL neutrales Öl
1/8 l Brühe
Saft einer Zitrone
etwa 400 g gekochtes Rindfleisch

1 Die Zwiebeln in feine Ringe hobeln, die Möhre in streichholzfeine Streifen. Knoblauch und Ingwer fein hacken. Die Chilis entkernen, die Schoten in feine Streifen schneiden oder würfeln. (Wer Paprika verwendet, sollte sie zunächst mit dem Kartoffelschälmesser sehr dünn schälen, das Fleisch dann schließlich in Streifen oder Würfel schneiden.)

2 Koriander und Basilikum nur zerzupfen und Schnittlauch oder Frühlingszwiebeln in schmale Röllchen schneiden.

3 Fischsauce, Sojasauce, Zucker, Pfeffer, Sesamöl, neutrales Öl, Brühe und Zitronensaft verrühren, die vorbereiteten Würzzutaten hinzufügen.

4 Das Fleisch auf der Aufschnittmaschine dünn aufschneiden und auf einer Platte anrichten. Die Marinade darüber träufeln.

Brunch – das grosse späte Frühstück

Die Lieblingsmahlzeit (nicht nur) aller Langschläfer

Wieso sollen Genießer, die meist auch Langschläfer sind, daran Spaß haben, früh aufzustehen, um ein großes Frühstück zuzubereiten, werden Sie vielleicht fragen. Wir behaupten einfach: Man muss nicht früh aufstehen, um einen üppig gedeckten Frühstückstisch anzubieten. Was langwierig ist, wird einfach bereits am Vortag angesetzt oder vorbereitet. Und alles Übrige ist im Handumdrehen getan. Wir versprechen: Wenn Sie Ihre Frühstücksgäste um zwölf Uhr erwarten, können Sie wunderbar bis zehn Uhr schlafen!

Übrigens: alle unsere Vorschläge ergeben, jedes Rezept für sich gesehen, eine ausgezeichnete Vorspeise – wer nicht frühstücken will, nimmt diese Ideen für einen Brunch einfach als eine Erweiterung des Vorspeisen-Repertoires.

Brioche

Die zarteste Versuchung, seit man weiß, Hefeteig zu backen: Eine üppige Angelegenheit, mit vielen Eiern, reichlich Butter, unwiderstehlich für Süßes, wie Marmeladen, aber auch für salzige Leckerbissen, mit Gänseleber, guter Kalbsleberwurst oder herzhaftem Schmalz.

Für 6 Personen:

gut 500 g Mehl,
1 EL Zucker,
1 Würfel Hefe (42 g),
knapp 0,2 l Milch,
3 Eier,
1 Prise Salz,
200 g Butter

TIPP

Die typische Briocheform: Ein runder Kuchen, in einer gewellten Form gebacken, mit einem Kugelkopf in der Mitte. Es lässt sich aber auch als kleines Portionsküchlein herstellen. Die Förmchen oder Form bekommt man in jedem guten Haushaltsgeschäft. Natürlich ist auch ein in der Kastenform gebackener Brioche stilecht, vor allem, wenn man Leberpastete dazu reicht. Oder eine ganz normale Guglhupfform, wie man sie im Elsass dafür gerne nimmt (wie auf dem Foto links).

1

5

1 Das Mehl in eine tiefe Schüssel häufen. Zucker mit der zerbröckelten Hefe und 1/8 Liter lauwarmer Milch verquirlen. In eine Mulde in der Mitte gießen und mit etwas Mehl vom Rand vermischen. Zugedeckt an einem warmen Ort 1/2 Stunde gehen lassen, bis der Vorteig sich verdoppelt hat.

2 Die restliche Milch mit den Eiern und Salz verquirlen und in die Mehlschüssel gießen, die weiche, zimmerwarme Butter flöckchenweise zufügen. Mit den Knethaken der Küchenmaschine verarbeiten.

3 Schlagen, bis der Teig glatt und seidig wirkt, Blasen wirft und sich gut vom Schüsselrand löst. Wieder an einem warmen Ort zugedeckt aufs doppelte Volumen gehen lassen.

4 Wer Zeit hat, kann den Teig schon am Vortag ansetzen. Am besten stellt man ihn dann in einem großen Plastikbeutel oder einem dicht verschlossenen und ausreichend großen Behälter (der Teig braucht Platz, um aufzugehen!) bis zum nächsten Tag in den Kühlschrank.

5 Vor dem Verarbeiten schließlich den Teig noch einmal kräftig auf der bemehlten Arbeitsfläche durchwalken. Nach Belieben kleine Portionsbrioche, einen großen Brioche oder einen Brioche in einer Kastenform herstellen.
Die Oberfläche jeweils mit Sahne einpinseln, je nach Größe der Form bei 200 Grad zwischen 20 und 30 Minuten backen, bis der Kuchen aufgegangen und schön gebräunt ist.

Avocadosalat

Die Avocados muss man unbedingt bereits ein paar Tage vorher einkaufen – fast immer werden sie nämlich bei uns total unreif verkauft. Dann sind sie steinhart und ungenießbar. Reife Früchte geben auf behutsamen Druck sanft nach, etwa wie zimmerwarme Butter in ihrer Packung. Unreife Avocados lässt man in Zeitungspapier bei Zimmertemperatur nachreifen – nie im Kühlschrank, dort bekommen sie schwarze Flecken.

Für 6 Personen:

1 große oder 2 kleine Avocados,
2 Schalotten,
1 Zitrone,
je 1/2 TL Piment,
schwarze Pfefferkörner,
Salz,
1–2 getrocknete (oder frische) Chilis,
Dill zum Garnieren

1 Die reifen Früchte schälen, dabei behutsam anfassen, damit sie sich gut aus der Schale lösen. In einer Schüssel mit einer Gabel zerdrücken, dabei sogleich die sehr fein gewürfelten Schalotten untermischen und mit Zitronensaft anmachen.

2 Die restlichen Gewürze in einem Mörser fein zerreiben. Die Avocado damit würzen. Gut vermischen – mit Dillblättchen dekorieren.

KARTOFFELSALAT

»Ein Tag ohne Kartoffelsalat ist, kulinarisch gesehen, ein vertaner Tag«, behauptet Bernd Neuner-Duttenhofer und hat damit natürlich nicht den immer gleichen, eher langweiligen Standardsalat im Sinn. Er meint damit: Kartoffelsalat lässt sich so unendlich vielseitig anmachen, dass man jeden Tag welchen essen könnte, ohne sich jemals wiederholen zu müssen. Nur eine von den unzähligen, vielfältigen Varianten finden Sie hier.

Für 6 Personen:

500 g festkochende Kartoffeln (z.B. Sieglinde, Selma oder Bamberger Hörndl)
250 g gekochter Schinken in Scheiben
3 Frühlingszwiebeln
glatte Petersilie
Saft einer ganzen Zitrone
Pfeffer aus der Mühle
grobes Meersalz

1 Die Kartoffeln als Pellkartoffeln aufsetzen und weich kochen.

2 In der Zwischenzeit den gekochten Schinken in Streifen oder Quadrate schneiden. Die Frühlingszwiebeln putzen, waschen und in feine Ringe schneiden. Die Petersilie waschen, von den Stielen zupfen und nur grob zerschneiden – nicht fein hacken!

3 Alle diese vorbereiteten Zutaten in die Salatschüssel füllen. Sobald die Kartoffeln gar sind, das Wasser abgießen, diese pellen und noch heiß zu den Salatzutaten in die Schüssel geben.

4 Sofort den Zitronensaft, Pfeffer und das grobe Salz darüber verteilen. Und erst jetzt die Kartoffeln mit einer Gabel und einem Küchenmesser in der Schüssel zerkleinern, dabei alle Zutaten miteinander mischen.

5 Noch einmal abschmecken – der Salat sollte schön säuerlich sein, und er braucht keinen Tropfen Öl! Allerdings muss man ihn sofort servieren, weil er sonst, sobald er abgekühlt ist, zu trocken wirken kann. In diesem Fall muss man ihn mit einem guten Schuss kräftiger Fleischbrühe wieder auffrischen und geschmeidig machen.

Asienwürziger Eiersalat

Eiersalat gehört bei uns zu jedem großen Sonntagsfrühstück. Aber er sieht jedesmal anders aus, je nachdem, welche Zutaten gerade im Haus sind oder worauf wir gerade Lust haben. Die asienwürzige Version mögen wir natürlich besonders gern.

Für 6 Personen:

4–5 Eier,
je 1 TL fein gewürfelter Ingwer und Knoblauch,
1/2 TL Chilipaste,
2 EL Fischsauce,
1 EL Sojasauce,
1 TL Sesamöl,
2 EL Apfelessig,
1 TL süßer Senf,
Salz,
Zucker,
Pfeffer,
zwei Hand voll Thaikräuter: Thaibasilikum, langblättriger Koriander und Koriandergrün,
2 Frühlingszwiebeln

2

3

1 Die Eier in knapp zehn Minuten hart kochen. Inzwischen Ingwer, Knoblauch, Chilipaste, Fischsauce, Sojasauce, Sesamöl, Essig und süßen Senf glatt rühren. Mit Salz, Zucker und Pfeffer abschmecken.

2 Die Thaikräuter von den Stielen zupfen und grob zerschneiden. Frühlingszwiebeln putzen, das Grün in halbzentimeterlange Stücke und das Weiße in dünne Scheiben schneiden.

3 Die Eier abschrecken, pellen, mit dem Eierschneider würfeln (erst in Scheiben schneiden, dann um 90 Grad drehen, erneut die Schneidharfe herunterdrücken und so die Scheiben quasi würfeln).

4 Eierwürfel mit den Kräutern in die Sauce rühren, noch einmal abschmecken.

Ochsenmaulsalat

Ochsenmaul muss man manchmal beim Metzger vorbestellen – aber oft hat er es auch vorrätig, meist in einer Essiglake angemacht, die für Haltbarkeit sorgt.

Für 6 Personen:

300 g Ochsenmaul in dünnen Scheiben,
4 Frühlingszwiebeln,
1 Händchen voll Kerbel,
1 frisch gekochte Kartoffel (vom Kartoffelsalat abzweigen),
3 EL Rotweinessig,
Salz,
Pfeffer,
2 EL neutrales Öl (Sonnenblumenöl),
2 EL Kürbiskernöl

1

3

1 Sollte das Ochsenmaul bereits in Essiglake eingelegt sein, ist es gut, es in einem Sieb unter fließendem, kaltem Wasser abzuspülen und gut abtropfen zu lassen.

2 Die Frühlingszwiebeln putzen, waschen, in feine Ringe schneiden: das Weiße sehr fein, das Grün in halbzentimeter breite Ringe. Die Kerbelblättchen von den Stielen zupfen.

3 Die heiße Kartoffel in der Salatschüssel zerdrücken, dabei Essig, Salz, Pfeffer und das neutrale Öl hinzugießen.

4 Kräuter, Zwiebelringe und Ochsenmaul zufügen, alles sorgsam mischen und erst zum Schluss das Kürbiskernöl darüber träufeln.

TIPP

Der Salat sollte durch die heiße Kartoffel ein wenig erwärmt werden und muss dann unverzüglich verspeist werden. Abgekühlten Ochsenmaulsalat, der dadurch ein wenig trocken geworden ist, kann man in der Mikrowelle sanft erwärmen: stärkste Stufe, nicht länger als 30 Sekunden!

SAURER PRESSSACK MIT ROTEN ZWIEBELN

Pressack, Schwartenmagen, in manchen Gegenden Deutschland heißt sie einfach Rotwurst – in jedem Fall handelt es sich um eine so genannte Kochwurst, die man sich für diesen Salat bereits vom Metzger hauchdünn aufschneiden lassen sollte.

Für 6 Personen:

je 200 g heller und dunkler Presssack (Schwartenmagen) in sehr dünnen Scheiben,
2 rote Zwiebeln,
Petersilie,
3–4 EL Apfelessig,
1 TL Senf,
Salz,
Pfeffer,
4 EL Olivenöl

4

4

1 Den Presssack in Streifen schneiden und in einer Schüssel mischen.

2 Die Zwiebeln schälen, auf dem Gurkenhobel in feine Ringe schneiden und in die Schüssel geben.

3 Die Petersilie grob zerschneiden und zufügen.

4 Essig, Senf, Salz, Pfeffer und Öl mit einer Gabel aufschlagen, über die Salatzutaten gießen und alles gut mischen.

KALBSZUNGE AUF LINSENSALAT

Die gepökelte Kalbszunge gibt es bei vielen Metzgern bereits gekocht, sodass man überhaupt keine Mühe hat – sollte nur Rinderzunge vorrätig sein, können Sie diese natürlich auch verwenden. Natürlich wird diese nicht wie die viel kleinere Kalbszunge längs, sondern quer in dünne Scheiben geschnitten!

Für 6 Personen:

250 g kleine Berglinsen (grün oder braun),
Salz,
je 1–2 rote und grüne Chilischoten (nach Gusto scharf oder mild),
je 1 TL fein gewürfelter Ingwer und Knoblauch,
2 Frühlingszwiebeln,
2 EL thailändische Fischsauce,
1/2 TL Zucker,
Saft einer halben Zitrone,
1 EL chinesisches Sesamöl,
1 EL neutrales Öl,
Pfeffer,
Sojasauce zum Abschmecken

Außerdem:

1 kleine, gepökelte, gekochte Kalbszunge,
100 g Gartenkresse

3

4

1 Die Linsen bereits am Vortag mit einer ganzen Handbreit gesalzenem Wasser bedeckt weich kochen – wie lange das dauert, hängt vom Alter, der Größe und der Herkunft der Linsen ab: zwischen 30 und 60 Minuten.

2 Für die Marinade die Chilis entkernen, fein würfeln, mit Ingwer, Knoblauch, in Ringe geschnittenen Frühlingszwiebeln und den restlichen Zutaten verrühren.

3 Die gut abgetropften Linsen zehn Minuten in dieser Sauce marinieren. Dann mit einer Schaumkelle herausheben, abtropfen lassen und auf einer flachen Platte verteilen, die mit Kresse (vorher gründlich, also mehrmals in reichlich kaltem Wasser baden, damit anhaftende Erde und Samenreste entfernt werden) ausgelegt ist.

4 In der Zwischenzeit die Zunge längs auf der Aufschnittmaschine in dünne Scheiben schneiden und dekorativ auf dem Linsenbett anrichten.

Garnelencocktail

Hierfür kauft man lieber rohe Garnelen, die stets in einer besseren Qualität angeboten werden als bereits gekochte. Außerdem kann man dann die Garzeit und das Würzen besser kontrollieren.

Für 6 Personen:

300 g tiefgekühlte Garnelen,
Salz

Mayonnaise

2 Eigelb
1 TL scharfer Senf
2–3 Knoblauchzehen
1/8 l Olivenöl,
ein Schuss Tomatensaft
(oder Gemüsebrühe, auch
Buttermilch ist geeignet)
Salz
Pfeffer
Cayennepfeffer
Zucker
einige Tropfen Sojasauce
Zitronensaft
Schnittlauch und Dill

1

4

1 Die gefrorenen Garnelen in einer Schüssel mit kochendem Wasser übergießen, zwei Minuten ziehen lassen, dann durch ein Sieb abgießen, nochmals kalt abbrausen und gut abtropfen lassen.

2 Die Garnelen dann in kochendes, gut gesalzenes Wasser geben und zwei Minuten ziehen lassen. Im Sud abkühlen, bis die Mayonnaise fertig ist.

3 Dafür müssen alle Zutaten die gleiche, möglichst Zimmertemperatur haben, sonst könnte es sein, dass sich die einzelnen Bestandteile nicht verbinden und die Sauce grießelig wird.

4 Das Eigelb, Senf und Knoblauchzehen in der Küchenmaschine oder mit dem Mixstab aufschlagen, dabei den Knoblauch pürieren. Erst jetzt langsam das Öl hinzufließen lassen, bis eine dicke, steife Mayonnaise entstanden ist. So viel Tomatensaft, Brühe oder sogar Buttermilch zufügen, bis die Sauce die gewünschte Konsistenz hat. Mit Zitronensaft, Salz, Pfeffer, Cayennepfeffer und Zucker abschmecken. Einige Tropfen Worcestershiresauce zufügen sowie reichlich Zitronensaft.

5 Erst kurz vor dem Servieren viel fein geschnittenen Schnittlauch unterrühren und nochmals abschmecken.

6 Die Garnelen in flachen Cocktailschalen anrichten, mit Mayonnaise anmachen, mit einem Dillzweig dekorieren.

Asienduftender gebeizter Lachs

Nach schwedischer Art gebeizter, auch *gravad* genannter Lachs, ist allseits bekannt. Wir marinieren ihn mit fernöstlichen Gewürzen. Dazu passt eine japanische Wasabisauce. Wasabi ist der grüne, scharfe japanische Meerrettich, den man zum rohen Fisch braucht. Man kauft ihn als grünes Pulver im Asienladen.

Für 6 Personen:

1 Lachsseite (ca. 800 g)
1 EL Sake
50 g Salz
50 g Zucker
Gewürzmischung aus:
10 Korianderkörnern,
4 Pimentbeeren,
1 Stückchen Nelken,
je 1 TL schwarze, grüne und rote Pfefferkörner (die grünen und roten gefriergetrocknet),
1 getrocknete Chilischote – alles im Mörser fein zerstoßen

Außerdem:

je eine Orange und Zitrone

Wasabi-Sauce:

1 Eigelb,
1/2 TL Wasabi,
1 TL Sojasauce,
ca. 1/8 l neutrales Öl,
3–4 EL kalter, grüner Tee oder ein Schuss Reiswein

3

5

1 Den Lachs nicht häuten, aber sorgsam entgräten, die Fleischseite mit Sake einreiben.

2 Salz, Pfeffer und die im Mörser fein zerriebene Gewürzmischung gut vereinen, den Fisch damit gut einreiben.

3 Die Fleischseite mit dünnen Orangen- und Zitronenscheiben belegen.

4 Den Fisch fest in Klarsichtfolie wickeln, zusätzlich in einen Gefrierbeutel packen. In einem Glas- oder Porzellangefäß für zwei Tage in den Kühlschrank stellen und marinieren. Dabei das Paket immer wieder wenden, damit der Fisch in der inzwischen sich bildenden Flüssigkeit baden kann.

5 Zum Servieren herausnehmen, vorsichtig abwaschen und gründlich abtrocknen. Den Fisch dann senkrecht in dünne Scheiben schneiden und auf einer Platte anrichten.

6 Für die Sauce das Eigelb mit den übrigen Zutaten aufschlagen. Erst wenn die Sauce cremig ist, mit etwas Tee oder Sake bis zur gewünschten Konsistenz verdünnen und gut abschmecken.

TIPP

Für den Lachs bitten Sie den Fischhändler, Ihnen ein Schwanzstück zu geben, das keine Y-Gräten hat – er soll die Haut jedoch unbedingt daran lassen – ansonsten darf er das Fischstück natürlich filieren.

Rührei mit Thaigewürzen

Das Rührei darf nicht warten. Die Gäste müssen bereits am Tisch sitzen, wenn Sie es zubereiten. Sobald Sie die nötigen Kräuter und Gewürze vorbereitet haben, dauert das ja keine Minute! Und nichts ist schlimmer, als ein kaltes und dann natürlich fest gewordenes Rührei.

Für 4–6 Personen:

1/2 TL Thaicurrypaste,
1 TL thailändische Fischsauce,
1 TL Sojasauce,
1 TL Sesamöl,
1/2 TL Zucker,
6 Eier,
1 Prise Salz,
Pfeffer aus der Mühle,
je 1 TL fein gewürfelter Knoblauch, Ingwer, grüne und rote Chilischoten (nach Belieben mild bis scharf),
2 Frühlingszwiebeln,
1 Selleriestängel,
Thaibasilikum,
Koriandergrün,
2 EL Öl

2

4

1 Currypaste, Fischsauce, Sojasauce, Sesamöl und Zucker in einer Schüssel gut verrühren, bis alles aufgelöst ist und sich verbunden hat.

2 Die Eier hinzufügen, mit Salz und Pfeffer würzen.

3 Ingwer, Knoblauch, fein gewürfelte Chilis, in feine Ringe geschnittene Frühlingszwiebeln, ebenso fein geschnittenen Sellerie, Basilikum und Koriandergrün nur grob zerzupft im heißen Öl sanft andünsten.

4 Die Eiermischung hineingeben. Zunächst stocken lassen, aber bereits nach 30 Sekunden mit dem Schäufelchen rühren. Das Rührei rasch stocken lassen, es darf auf keinen Fall trocken werden – sofort servieren!

Exotische Soleier

Es ist ein bisschen in Vergessenheit geraten, das gute alte Solei. Früher stand es in jeder anständigen Berliner Kneipe im großen Glas auf dem Tresen, wo sich jeder selbst bedienen konnte. Handelte es sich um ein Haus mit Sinn für Qualität, so befand sich daneben ein kleines Tablett mit den nötigen Zutaten, die aus einem gewöhnlichen Solei eine kleine Delikatesse machen: Senf, Essig, Öl, Tabasco und natürlich Salz und Pfeffer.

Für ein 5-Liter-Glas:

20 Eier,
5 frische Chilischoten (rot und grün),
2 EL Koriandersamen,
1 EL gefriergetrockneter rosa Pfeffer,
2 EL Senfsamen,
je 1 EL weiße und schwarze Pfefferkörner,
je 1 TL Wacholderbeeren und Pimentkörner,
5–8 Lorbeerblätter,
Dilldolden,
1,5 l Wasser,
150 g Salz

1 Die Eier hart kochen, abschrecken, rundum vorsichtig die Schale etwas einknicken, damit die Gewürze noch besser eindringen konnen. Mit den Gewürzen in ein hohes Glas schichten.

2 Wasser aufkochen, das Salz darin auflösen. Abgekühlt über die Eier gießen – sie müssen von der Sole vollkommen bedeckt sein.

Eine Variante dazu sind die chinesisch inspirierten Sojaeier auf der nächsten Seite.

TIPP

Auf Partys sind Soleier eine wunderbare Sache. Sie sehen in ihrer Lake in einem Glas dekorativ aus, jeder mag sie, und sie sind die ideale Stärkung beim Feiern! Um dem Solei wieder zur verdienten Popularität zu verhelfen, haben wir ihm neue Gewürze beigesellt. Und siehe da: Ein bisschen Exotik tut ihm erstaunlich gut! Die Soleier bleiben übrigens bis zu vierzehn Tagen (und auch länger) in ihrer Lake haltbar. Sie nehmen in dieser Zeit durch die poröse Schale die Aromen auf. Sie werden schärfer (durch die Chilis) und salziger. Und sie schmecken vorzüglich! Am besten dazu kerniges Vollkornbrot oder Bauernbrot servieren. Und ein kühles Bier.

Sojaeier

Keine Angst, es handelt sich nicht um die berühmt-berüchtigten hundert-, manchmal sogar tausendjährig genannten chinesischen Eier. Die werden übrigens nur wenige Wochen in Asche und Lehm luftdicht eingepackt. Dabei findet ein Fermentierungsprozess statt, der ihr Eiweiß schwarz färbt und den Dotter giftig grün macht. Das sieht so ungewohnt aus, dass man beim erstenmal schon ein bisschen erschrecken kann.

Für 4–6 Personen:

6 Eier,
1/8 l Sojasauce,
1/8 l Hühnerbrühe,
4 EL Sherry,
2 EL Zucker,
1 Zwiebel,
2 Knoblauchzehen,
1 Stück Ingwerwurzel (etwa 2 cm)

Zum Anrichten:

Kopfsalatblätter,
glatte Petersilie oder
Koriandergrün

1 Die Eier hart kochen, kurz abschrecken. Inzwischen Sojasauce, Hühnerbrühe und den Sherry zusammen aufkochen. Zucker, fein gehackte Zwiebel, Knoblauch und Ingwer zufügen und 10 Minuten leise köcheln. Eier pellen und in den heißen Sud legen. Etwa einen Tag ziehen lassen.

2 Zum Servieren die Eier in Viertel schneiden, auf mit Salatblättern ausgelegtem Teller hübsch anrichten. Mit etwas Sud beträufeln. Und mit Petersilie oder Korianderblättchen schmücken.

TIPP

Unsere Sojaeier sind in kürzerer Frist genießbar als die chinesischen, nach denen manche geradezu versessen sind; und sie sind auch lange nicht so fremdartig. Sie können als kleines Abendessen, aber auch als hübsche Vorspeise serviert werden.

Pochierte Eier

Sie kommen eigentlich nie allein vor, immer in Begleitung, sozusagen als Krönung einer kleinen Mahlzeit: um diese gehaltvoller, interessanter und bunter zu machen. Auf den folgenden Seiten ein paar Ideen, worauf Sie ein solches Ei betten können.

Für 4 Personen:

1 l Wasser,
2–3 EL Essig,
4 frische Eier

1 Das Wasser in einem passenden Topf aufkochen – es darf mit Essig oder Weißwein gewürzt sein, aber auf keinen Fall mit Salz. Das macht das Eiweiß hart.

2 Zunächst jedes Ei aufschlagen und einzeln in eine Suppenkelle gleiten lassen. Mit ihrer Hilfe lässt sich das Ei, ohne dass Sie sich die Finger dabei verbrühen, bequem ins siedende Wasser befördern.

3 3–4 Minuten sanft ziehen lassen, dann können Sie das fertige Ei mit der Schaumkelle herausheben.

4 Auf Küchenpapier abtropfen lassen, mit einer Schere schließlich flusig abstehende Eiweißfäden wegschneiden, damit das Ei schön glatt und abgerundet wirkt.

TIPP

Pochieren ist wirklich ganz einfach – allerdings müssen die Eier frisch sein. Ideal sind Eier, die zwischen vier und acht Tagen alt sind – denn absolut frische Eier, also solche vom selben Tag, sind wiederum gänzlich ungeeignet. Ihr Eiweiß ist noch nicht »reif«, wirkt nach dem Kochen grob, grießelig und hat noch nicht seinen vollen Geschmack entwickelt.

Avocado mit roher Tomatensauce und pochiertem Ei

Für 4 Personen:

4 Eier,
4 EL Essig,
2 reife Fleischtomaten,
2 Schalotten,
Salz,
Pfeffer,
2 EL Olivenöl,
2 reife Avocados,
Saft einer Zitrone

1 Die Eier in Essigwasser wie im vorigen Rezept beschrieben pochieren.

2 Die Tomaten kurz in dasselbe kochende Wasser tauchen, häuten, entkernen und mit einem großen Messer auf einem Arbeitsbrett sehr fein hacken, geradezu pürieren. Dies bitte nicht mit dem Mixer tun, weil darin das Tomatenfleisch schaumig und weißlich wird.

3 Das Tomatenmus mit einer sehr fein geschnittenen Schalotte mischen, salzen, pfeffern, mit Essig und Öl würzen. Als Klecks auf vier Teller verteilen. Pochiertes Ei darauf betten.

4 Die geschälten und halbierten Avocados quer in dünne Scheiben schneiden, mit der Hand etwas flach drücken, damit sie sich fächerartig ausbreiten. Neben das Ei auf jeden Teller setzen. Die zweite, sehr fein geschnittene Schalotte darauf streuen, salzen, pfeffern, mit Zitronensaft beträufeln.

Verlorenes Ei zum frühlingshaften Salat

Für 4 Personen:

3 Hand voll gemischte Salatblätter,
100 g roher Schinken, hauchdünn geschnitten

Marinade:

1 TL Senf,
1 EL Crème fraîche,
3 EL Essig,
3 EL Öl,
Salz,
Pfeffer

1 Die Salatblätter putzen und zerzupfen. Den Schinken von jeglichem Fett befreien und in feine Streifen schneiden. Alles hübsch auf einer großen Platte oder auf 4 Tellern verteilen. Die Eier darauf betten.

2 Für die Marinade die Zutaten mit dem Schneebesen aufschlagen, bis sie sich cremig verbunden haben. Über die Salatzutaten träufeln.

Verlorenes Ei auf Löwenzahnsalat mit Speck

Sobald die ersten wärmeren Sonnenstrahlen vom nahen Ende des Winters künden und den Löwenzahn dazu bringen, seine Blätter aus der Erde zu treiben, sollte man, mit einem spitzen Messer bewaffnet, zum Löwenzahnstechen gehen – denn die blutreinigende Bitterkeit des Löwenzahns ist genau das, was der Körper jetzt braucht!

Für 4 Personen:

4 gute Hand voll Löwenzahnblätter,
200 g durchwachsener, geräucherter Speck in 3 mm starken Scheiben,
3 EL Sonnenblumenöl,
6 EL Essig,
Pfeffer,
2 Tomaten,
4 pochierte Eier,
Salz

1 Die Löwenzahnblätter gründlich waschen und gut trockenschleudern. In eine Schüssel geben. Das Wurzelende knapp abschneiden, die winzigen Knospen kann man jedoch mitessen!

2 Den Speck in schmale Streifen schneiden. In einem Esslöffel Öl in einer Pfanne kross ausbraten. Mit einer Schaumkelle herausheben und über die Löwenzahnblätter streuen. Das Fett aus der Pfanne weggießen, den Bratensatz jedoch mit drei Löffeln Essig ablöschen und sofort über den Löwenzahn gießen. Das restliche Öl hinzufügen, aus der Mühle pfeffern und alles gründlich mischen.

3 Den Salat auf Tellern hübsch anrichten, mit Tomatenachteln garnieren – nach Belieben die Tomaten zuvor häuten –, pochierte Eier obenauf setzen, salzen und unverzüglich servieren.

Sardinen mit Kapern und Petersilie

Diese Paste sieht leider nicht so schön aus, wie sie schmeckt. Aber man kann damit einen ebenso köstlichen wie appetitlichen Leckerbissen zum Aperitif herstellen: auf geröstete Baguettescheiben oder auch auf Graubrot streichen, mit Petersilienblättchen und Kapern garnieren.

Für 6 Personen:

1 Dose Sardinen (mit Haut und Gräten, in Olivenöl),
1–2 EL feinste Kapern,
Petersilie,
2 EL erstklassiges Olivenöl,
Zitronensaft,
Worcestershiresauce,
1 Schalotte,
eine Hand voll kleiner Oliven (möglichst Taggiasca-Oliven, die in Ligurien oder rund um Nizza gedeihen und besonders würzig sind!)

1 Die Sardinen abtropfen lassen, das Öl wegkippen – es hat seine Schuldigkeit getan, den Fisch mürbe zu machen, und kann jetzt unter Umständen tranig schmecken. Die Fischchen von Haut und Gräten säubern, ihr Fleisch in einer Schüssel zerpflücken.

2 Kapern, fein gehackte Petersilie, Olivenöl, Zitronensaft, Worcestershiresauce, eine sehr fein gewürfelte Schalotte und die in Stückchen geschnittenen Oliven untermischen.

3 Die Paste etwas durchziehen lassen, gegebenenfalls mit Zitronensaft nachwürzen.

Aprikosenbuchteln

Nur eine von hundert Ideen, was man noch alles aus dem duftenden Briocheteig zaubern kann. Und auch diese lässt sich noch auf einfachste Weise vielfach variieren, indem man unterschiedliche Konfitüren zum Füllen nimmt.

Für etwa 40 Stück:

1 Portion Hefeteig nach dem Grundrezept (siehe Seite 27)

Füllung:

50 g grob gehackte Mandeln,
2 EL Puderzucker,
150 g erstklassige Aprikosenkonfitüre

Außerdem:

50 g Butter für die Form
Puderzucker zum Bestäuben

1 Den Hefeteig nach dem Grundrezept auf kaltem oder warmem Weg gehen lassen. Inzwischen die Mandeln in einer beschichteten Pfanne ohne Fett rösten, dabei mit dem Zucker bestäuben, der jetzt karamellisieren soll. Unter die Aprikosenkonfitüre rühren.

2 Vom Hefeteig mit einem Esslöffel walnussgroße Stücke abstechen, auf der Arbeitsfläche mit der Hand etwas flach drücken, jeweils einen kleinen Teelöffel Füllung in die Mitte setzen. Den Teig darüber zusammenschlagen und gut zudrücken. Dann zu einer Kugel formen.

3 Die Butter in einer ofenfesten flachen Form zerlassen. Die Buchteln darin wenden und nebeneinander hineinsetzen.

4 Zugedeckt 1/2 Stunde gehen lassen. Schließlich im auf 200 Grad vorgeheizten Ofen etwa 25 Minuten backen, bis die Buchteln goldbraun geworden sind.

TIPP

Mit Puderzucker bestreuen und am besten noch warm verspeisen. Zum Beispiel mit einer Fruchtsauce oder einfach pur zum Kaffee.

Frühlingsgemüse aus dem Wok

In der chinesischen Küche gibt es keine Zufälle – die Zusammenstellungen und Zubereitungsarten sind in Jahrhunderten gewachsen, wurden entwickelt unter gesundheitlichen und weltanschaulichen Prinzipien. Medizin und Speisen, Genuss und Gesundheit befinden sich nicht im Gegensatz, sondern ergeben ein wohl ausbalanciertes Ganzes, bilden eine Harmonie in sich anziehenden und ergänzenden Gegensätzen. Gerade im Frühjahr bilden Sprossen und Keime, im Wok zubereitet, die Grundlage für leichte, symbolträchtige Mahlzeiten: Im Frühjahr steigen die Säfte, sprießt die Natur und auch der menschliche Körper erwacht zu neuem, tatkräftigem Leben. Und dem Menschen, sagt die chinesische Lebensweisheit, bekommt das am besten, was die Natur gerade hervorbringt. Sprossen und Keime haben im Prinzip keine Saison, denn man kann sie im Haus das ganze Jahr über ziehen. Aber im Frühjahr locken sie uns am meisten – in der Jahreszeit des Aufbruchs, des Keimens und Wachsens finden sie ihre eigentliche Bestimmung: Dann gedeiht nach den Winterfrösten im Garten – im Frühbeet oder im Gewächshaus/Folientunnel schon ein paar Wochen eher – alles üppig und zu besonderer Zartheit. Unterscheiden wir zunächst einmal in die üblicherweise als solche bezeichneten Sprossen und Keime – etwa Kresse-, Senf-, Rettich- und Broccolisprossen, Soja- oder Mungobohnenkeimlinge, Linsen und Erbsen, Shiso (für Ayurveda!) und Alfalfa. Man kann sie entweder selbst ziehen – was allerdings einige Aufmerksamkeit und Sorgfalt erfordert und wozu es allerlei spezielle Geräte gibt – oder fertig kaufen; einige Keime gibt es inzwischen fast überall im Lebensmittelhandel, andere nur in Asia-Läden oder im Reformhaus. Noch interessanter finden wir aber die jungen, für den gewerblichen Handel noch kaum erntereifen Gemüse, die in der kühlen Jahreszeit schon gut gedeihen und die man sich deshalb am besten selbst zieht. Freilich gibt es in manchen Gegenden solche Gemüse auch als Spezialität, zum Beispiel Rübstiel im Rheinland – in den übrigen Regionen Deutschlands unbekannt. Aus Italien werden junge Spitzen einer dem Broccoli verwandten Kohlart importiert, Cima di rape, und aus den Gewächshäusern Hollands kommen weitere, eigentlich aus dem asiatischen Raum stammende Kohlgemüse: Pak Choy oder Japankohl, junger Chinakohl, der dem Rübstiel verwandte Mizuna und verschiedene Arten von Senfkohl – einige als zarte Blätter, andere als kurz vor der Blüte stehende Triebe. Und schließlich findet man manchmal die in Japan so beliebten jungen Chrysanthemenpflanzen, eine besondere, sehr zarte Herzen bildende Chrysanthemenart, die man ganz problemlos selbst ziehen kann (Samen im Fachhandel oder über »Kräuterzauber«, siehe Seite 204): Schnell und vor allem auf kleinem Raum – weil wir die Pflanzen nicht auswachsen lassen wollen – können wir ja sehr viel enger als üblich säen. Will man einige Pflanzen auswachsen lassen, so kann man jetzt ausgleichen und zwischen den starken die schwächeren Pflanzen herausziehen und so gleichzeitig die Basis für köstliche Gerichte gewinnen.

Grundregeln für den Umgang mit dem Wok

Der Wok ist jene halbrunde Pfanne mit weit geschwungenem Rand, mit der die Chinesen alles zubereiten. Eine geniale Erfindung, denn man kann darin winzige Portionen ebensogut wie große Mengen für viele Leute zubereiten. Man kann darin braten, Rührei zubereiten, Suppen, Gemüse oder Saucen kochen; man kann frittieren, dämpfen – keine Zubereitungsart, für die dieser Topf nicht perfekt geeignet ist.
Es gibt Woks in vielen unterschiedlichen Variationen. Die einfachsten und billigsten sind aus dünnem Eisenblech, sie sind allerdings nur für die Gasflamme geeignet. Damit der

halbrunde Boden aufsitzen kann, braucht man für unsere Herde einen Metallreif, der den Topf in der Waage hält. Beides findet man in Asialäden, die es mittlerweile überall, selbst in kleineren Städten gibt. Suchen Sie im Telefonbuch (Branchenverzeichnis) unter dem Stichwort »Asien-«, »Asia«, »China-«, »Thai-« oder auch »Japan«.
Für Elektroherde braucht man einen stabileren Wok. Empfehlenswert ist ein Wok aus emailliertem Eisen. Weniger geeignet sind Woks aus Edelstahl und Gusseisen – beide Materialien leiten die Hitze zu gleichmäßig, das heißt, sie werden vom Topfboden bis zum Rand gleichmäßig heiß, sobald man sie auf die Hitzequelle setzt. Und genau das ist beim Arbeiten mit dem Wok nicht erwünscht: Die stärkste Hitze sollte sich am Topfboden konzentrieren, zum Rand hin soll das Metall kühler werden. So werden die Zutaten im Zentrum des Bodens auf stärkstem Feuer angebraten und mit einer Bratschaufel dann energisch immer wieder umgewendet und umgerührt und zum kühleren Topfrand geschaufelt, wo sie langsam nachziehen und behutsam endgültig gar werden können.
Die entsprechende Bratschaufel wird meist mit dem Wok mitgeliefert, sie ist so gebogen, dass sie sich dem hochgezogenen Rand des Woks anpasst und alle Zutaten mit einem Schwung erfasst. Es werden also alle Zutaten unter stetem Rühren und Wirbeln gebraten – es hat sich dafür der Ausdruck »pfannenrühren« oder auch »rührbraten« eingebürgert.

Die typisch chinesischen Zutaten

Damit es wirklich chinesisch duftet und schmeckt, braucht es gar nicht viel: Ingwer, Knoblauch, Sojasauce, Sesamöl und Koriandergrün. Häufig spielen Frühlingszwiebeln eine Rolle, auch Chilischärfe. Man kann all diese Zutaten inzwischen nicht nur in den überall anzutreffenden Asienläden bekommen, auch in gut sortierten Supermärkten wird man fündig.
Wichtig ist: Der Wok wird als erstes leer stark erhitzt, dann fügt man etwas Öl hinzu, neutrales Sonnenblumen- oder auch duftendes Erdnussöl, und immer einen kleinen Schuss chinesisches Sesamöl. Dieses darf man nicht mit dem meist kaltgepressten Sesamöl aus dem Reformhaus verwechseln. Die chinesische Variante wird aus gerösteter Sesamsaat gewonnen und hat dadurch einen unverwechselbaren und unersetzlichen exotischen Duft. Nur wenige Tropfen machen bereits aus einem normalen, europäischen Salat eine asiatische Spezialität!
Die Sojasauce, die ebenfalls unbedingt zur chinesischen Grundausstattung gehört, ersetzt einen Teil des Salzes und bringt zugleich den typischen Duft mit. Wer keinen Reiswein findet, nimmt stattdessen Sherry, es kann ruhig ein lieblicher Amontillado sein.

Kochen mit dem Wok: Schnelle Küche!

Kaum zu glauben, wie schnell die Zutaten im Wok gar sind! In wenigen Sekunden ist das Gemüse fertig – denn die starke Hitze, die am Topfboden herrscht, versiegelt geradezu die Zellen im Gemüse, lassen das in ihnen enthaltene Wasser explodieren und beschleunigen den Garprozess. Deshalb ist es ganz wichtig, sämtliche Zutaten bereits fix und fertig zugeschnitten zu haben, bevor man mit dem eigentlichen Kochen beginnt. Dazu ist nämlich garantiert keine Zeit mehr, sobald man den Wok aufgesetzt hat.
Ingwer und Knoblauch sollten allerdings nicht lange zerkleinert herumstehen, sie verlieren ihren Duft, verfärben sich unschön durch Oxidation. Das lässt sich verhindern, indem man sie fein gewürfelt in Schälchen füllt und mit Öl bedeckt – so sind sie vor Luft geschützt. Die anderen Gemüse kann man ebenfalls bereits vorbereiten und entsprechend zuschneiden. Mit einem nassen Blatt Küchenpapier bedeckt, sind sie vor dem

Buntes Frühlingsgemüse mit Sprossen

Hier können Sie natürlich mit jeglichen Sprossen und Keimen arbeiten – manche, wie Sojabohnenkeime, Mungosprossen, sogar Alfalfa findet man in jedem guten Supermarkt. Ausgefallenere, wie Broccoli- oder Linsensprossen müssen Sie sich selber ziehen.

Für 4 Personen:

3 EL Sonnenblumenöl,
1 EL chinesisches Sesamöl,
1 TL fein gehackter Ingwer,
1 TL fein gehackter Knoblauch,
2–3 Frühlingszwiebeln,
1–2 Chilischoten (frisch oder getrocknet – in jedem Fall entkernt),
1 Schalotte,
1 dünne Lauchstange,
1 Möhre,
Salz,
200 g Sojabohnenkeime,
1–2 Hand voll Broccolisprossen,
2 EL Sojasauce,
2 EL Sherry oder Reiswein,
2 EL Hühner- oder Gemüsebrühe

1

3

1 Das Öl im heißen Wok rauchend erhitzen, Ingwer, Knoblauch, das in feine Ringe geschnittene Weiße der Frühlingszwiebeln zufügen. Sofort die zerkrümelten getrockneten oder fein gehackten frischen Chilies zufügen, hintereinander die in Ringe geschnittene Schalotte, den ebenso zerkleinerten Lauch und die in Scheiben gehobelte Möhre.

2 In diesem Moment ist es wichtig, dass man die herumwirbelnden Zutaten sofort salzt – das konserviert ihre leuchtende Farbe und stabilisiert ihre Vitamine.

3 Die Sprossen zufügen und mitwirbeln lassen. Schließlich Sojasauce, Sherry oder Reiswein und Brühe angießen. Einmal aufkochen und sofort servieren!

TIPP

Dazu passt natürlich Reis – probieren Sie doch mal den besten Reis der Welt: thailändischen Duftreis. Er verströmt tatsächlich ein betörendes, würziges Parfüm. Ideal ist es, ihn in einem Reiskocher zuzubereiten. Wer keinen hat, lässt ihn auf folgende Weise ausquellen: pro Tasse Reis gut eineinhalb Tassen Wasser rechnen. In einen Topf mit dicht schließendem Deckel füllen, sparsam salzen, dann ohne Deckel zum Kochen bringen, den Deckel dann aufsetzen und die Hitze auf kleinste Stufe schalten. Nach 20 Minuten ist der Reis gar. Als Getränk passt dazu ein leichter, duftiger und fruchtiger Riesling Kabinett von der Mosel.

Rübstiel mit Champignons

Blättrig geschnittene Pilze, Ingwer, Knoblauch, Schalotte, fein gewürfelt, im Wok herumwirbeln lassen, die Rübstielpflänzchen im Ganzen zufügen und eine Minute mitbraten. Mit Sojasauce, Sherry und einem Schuss Hühnerbrühe ablöschen. Als Beilage zum Kotelett, Schnitzel oder Steak – oder mit geschnetzeltem Schweinefleisch zum ganzen Gericht aufpeppen.

Für 4 Personen:

250 g frische Champignons,
1 TL gehackter Ingwer,
1 TL gehackter Knoblauch,
1 weiße Zwiebel in Ringen,
1 fein gewürfelte Schalotte,
2 EL Öl,
1 EL Sesamöl,
zwei Hand voll junge, kleine Rübstielpflänzchen,
Salz,
Pfeffer,
1 Prise Zucker,
2 EL Sojasauce,
2 EL Sherry,
2 EL Hühnerbrühe

2

4

1 Die Pilze waschen, abtrocknen und in dünne Scheibchen schneiden.

2 Ingwer, Knoblauch, Zwiebel und Schalotte im rauchend heißen Öl im Wok sekundenlang umherwirbeln, die Pilze zufügen, nach einer Minute die Rübstielpflänzchen – wenn sie sehr klein sind, unzerteilt, ansonsten in Stücke geschnitten.

3 Unter Rühren eine halbe Minute braten, dabei salzen, pfeffern und mit der Zuckerprise würzen.

4 Sojasauce, Sherry und Hühnerbrühe zufügen – einmal aufkochen und sogleich servieren.

TIPP

Schmeckt pur auch als kleines Gemüsegericht, mit oder ohne Reis.

Cima di rape: Pasta pugliese

Öhrchennudeln (oder Penne) mit Broccoletti oder Rapskohl: Ein Pfannen- oder Wokgericht, diesmal mit italienischem Gusto: Zwiebeln, Knoblauch, getrocknete Tomaten jeweils in feine Würfel oder Streifen schneiden, in Olivenöl andünsten, das Gemüse zufügen, mit Nudelwasser angießen, zum Schluss die Nudeln kurz mitschmurgeln lassen. Mit geriebenem Pecorino würzen.

Für 4 Personen:

300 g Öhrchennudeln oder Penne (kurze, dicke, gerippte Maccaroni),
Salz,
3 EL Olivenöl,
1 große Zwiebel,
3–4 Knoblauchzehen,
3–4 getrocknete, eingeweichte Tomaten,
zwei bis drei Hand voll Raps- oder Broccolettipflänzchen,
50 g frisch geriebener Pecorino (oder Parmesan)

2

4

1 Die Nudeln in reichlich Salzwasser bissfest kochen. Abgießen, vom Kochwasser aber unbedingt eine Tasse aufbewahren. Die Nudeln mit etwas Öl vermischen, damit sie nicht zusammenkleben.

2 Zwiebel, Knoblauch und eingeweichte Tomaten fein würfeln. Im heißen Olivenöl andünsten, schließlich die ganzen oder, falls sie zu groß sind, in Stücke geschnittenen Pflänzchen zufügen – sollten sie nicht mehr so jung sein, dass sie wirklich zart sind (einfach einen Stiel knabbern, um das zu probieren!) vorher in Salzwasser kurz blanchieren. In diesem Fall jedoch unbedingt in eiskaltem Wasser abschrecken, damit die schöne grüne Farbe erhalten bleibt.

3 Einen Schuss Nudelkochwasser angießen und etwas einkochen – weil es ein wenig aus den Nudeln gelöste Stärke enthält, bindet es die Sauce und macht sie ein wenig sämig.

4 Die Nudeln zufügen, alles gut mischen und eine Minute miteinander verschmurgeln. Den Käse untermischen und dann sofort servieren.

PAK CHOY: PFANNENGERÜHRTER JAPANKOHL MIT SCHWEINEFLEISCH

Die Chinesen wissen einen fabelhaften Trick, wie Fleisch auch nach dem Braten schmelzend zart bleibt: Die Scheibchen werden mit Stärke überpudert, bis sie hauchdünn und gleichmäßig davon umhüllt sind. Sie wird beim Braten zum schützenden Film, der dafür sorgt, dass der Saft im Fleisch bleibt.

Für 4 Personen:

250 g Schweinefilet,
1 gehäufter EL Speisestärke,
2 EL Sonnenblumenöl,
1 EL Sesamöl,
1 Zwiebel in feinen Ringen,
je 1 EL fein gehackter Ingwer und Knoblauch,
2 getrocknete, entkernte Chilischoten,
zwei Hand voll junge Pak-Choy-Pflänzchen,
Salz,
Pfeffer,
Zucker,
2 EL Sojasauce,
2 EL Sherry,
2 EL Hühner- oder Gemüsebrühe

1 Das Fleisch quer zur Faser in dünne Scheibchen schneiden, mit der Stärke überpudern und gut einmassieren. Im heißen Wok das Öl rauchend erhitzen, das Fleisch darin rasch unter Rühren eine Minute braten.

2 Dabei die Zwiebelringe, Ingwer, Knoblauch und Chili zufügen.

3 Die Pflänzchen zufügen und mitbraten, sofort salzen und pfeffern und mit Zucker würzen. Schließlich Sojasauce, Sherry und Brühe angießen. Aufkochen und sofort servieren.

Chrysantheme: Frühlingssalat mit pfannengerührten Garnelen

Für 4 Personen:

300 g rohe Garnelenschwänze,
1 EL Speisestärke,
2 EL Öl,
1 EL Sesamöl,
Salz,
Pfeffer,
Zucker,
2 TL schwarze fermentierte Sojabohnen,
1 TL gehackter Ingwer,
1 TL gehackter Knoblauch,
2 Frühlingszwiebeln,
1 EL Sojasauce,
2 EL Sherry,
1 EL Brühe

Salat:

2–3 Hand voll Chrysanthemenblätter und -blüten

Marinade:

2 EL milder Apfelessig,
1 EL Aceto balsamico,
Salz,
Pfeffer,
1 EL Sojasauce,
1 EL Sesamöl,
2–3 EL Sonnenblumenöl

1 Die Garnelen sorgfältig waschen und mit Küchenkrepp trockentupfen. Mit Stärke überpudern und einreiben.

2 Im rauchend heißen Öl rasch pfannenrühren, dabei salzen, pfeffern und mit der Zuckerprise würzen.

3 Die in wenig Wasser eingeweichten schwarzen Bohnen mitsamt einem Esslöffel Einweichflüssigkeit zufügen, ebenso Ingwer, Knoblauch und die in feine Ringe geschnittenen Frühlingszwiebeln.

4 Zum Schluss Sojasauce, Sherry und Brühe zufügen und aufkochen.

5 Die Blätter waschen und trockenschütteln.

6 Die Zutaten für die Marinade gründlich zusammenmixen, bis sie cremig bindet. Die Blätter damit anmachen, auf Vorspeisentellern hübsch anrichten, die Garnelen darauf verteilen und mit einem Rest der Marinade beträufeln.

Chinesischer Senfspinat mit Hähnchenbrust

Für 4 Personen:

400 g Hähnchenbrustfleisch,
1 gehäufter EL Speisestärke,
3 EL neutrales Öl,
1 EL Sesamöl,
2 Schalotten oder
2 Frühlingszwiebeln
(in feine Ringe geschnitten),
1 TL gehackter Ingwer,
1 TL gehackter Knoblauch,
zwei Hand voll
Senfspinatblätter,
Salz,
2 EL Sojasauce,
2 EL Sherry,
2 EL Hühnerbrühe,
eine Prise Zucker

1 Das Fleisch zentimeterklein würfeln, mit der Stärke einreiben und schließlich im rauchend heißen Öl eine Minute pfannenrühren.

2 Gehackte Zwiebel, Ingwer und Knoblauch zufügen, auch die Senfblätter, und pfannenrühren, bis sie zusammengefallen sind – dabei sofort salzen.

3 Sojasauce, Sherry und Brühe angießen, aufkochen und gut durcheinander wirbeln lassen. Mit etwas Zucker würzen und mit duftigem Reis servieren.

Blühender Kohl: Japanischer Nudeltopf mit Eierwolken und Kohlblüten

Für 2 Personen:

200 g feine Eiernudeln,
Salz,
1 EL Sesamöl,
1/2 l kräftige Hühnerbrühe,
2 EL Sojasauce,
2 Eier,
zwei Hand voll junge Senfkohlblätter mit Blüten
japanisches Chiligewürz (Sashimitogarashi)

2

3

1 Die Nudeln nach Anweisung kochen – deutsche Nudeln wie gewohnt 5–8 Minuten, japanische oder chinesische Nudeln sind bereits nach einer bis höchstens zwei Minuten gar – manche Sorten werden nicht einmal gekocht, es genügt, sie in heißem Wasser einzuweichen. Es ist daher wichtig, dass man auf die Packung schaut und sich an die Vorschrift hält. Die Nudeln abtropfen, dann sofort mit Sesamöl mischen – das verhindert, dass sie zusammenkleben, und gibt ihnen den typischen Asienduft.

2 Die Brühe aufkochen, mit Sojasauce würzen. Die verquirlten Eier einrühren und die Kohlblätter darin nur ganz kurz zusammenfallen lassen.

3 Über die Nudeln gießen, mit japanischem Chiligewürz bestreuen und sofort servieren.

Fischküche leicht gemacht

Man nehme ein schönes Stück Kabeljau ...

Immer wieder werden wir nach Fischrezepten gefragt. Und oft stellt sich dann ganz schnell heraus, dass viele zwar gern ab und zu Fisch essen, aber sich einfach nicht trauen, Fisch zuzubereiten. Vielfach fehlt die selbstverständliche Erfahrung, die man in küstenreicheren und küstennäheren Gebieten damit hat. Deshalb wollen wir heute zeigen, worauf es in der Fischküche ankommt.

Zunächst empfehlen wir, Fisch stets frisch einzukaufen, also beim Fischhändler – bei ihm kann man die Qualität sehen und riechen. Frischer Fisch, das ist die wichtigste Erkenntnis, riecht nämlich nicht! Er duftet höchstens angenehm nach Meer. Tiefgekühlter Fisch ist häufig von schwächerer Qualität – die Filets werden meist bereits auf hoher See verarbeitet, wo man sie zu gewaltigen Blöcken gefriert, die dann später in die benötigten Portionen gesägt werden. Und dabei kann es sein, dass statt eines anständigen Stücks Filet viele kleine Schnipselchen zusammengepresst werden, die natürlich nicht den Genuss bieten wie ein anständiges Filet. Wie beispielsweise bei den Fischstäbchen...

Welches Stück nimmt man wofür?

Beginnen wir mit einem Stück Fischfilet: Glücklich, wer wählen kann, ob er ein dünnes Stück vom Bauch haben möchte oder das bis zu dreifach stärkere vom Rücken. Natürlich bleibt ein dickes Stück saftiger und schmeckt dann auch besser. Schön hell, fast weiß sollte das Fischfleisch sein – was wir jetzt nicht brauchen, kommt zunächst einmal mit Klarsichtfolie gut zugedeckt an die kälteste Stelle im Kühlschrank.

Zu Hause den Fisch gleich auspacken!

Wichtig: Nach dem Einkauf sollte man den Fisch nicht im Papier lassen, sondern bereits küchenfertig vorrichten, also gut unter kaltem Wasser abspülen, abtrocknen und auf einem Teller gut verpackt kalt stellen. Eventuell ist es sogar ratsam, ein paar Eiswürfel darauf oder darunter zu packen, damit der Fisch wirklich gut gekühlt ist – in modernen Kühlschränken mit unterschiedlichen Kältezonen lässt sich Fisch bei 0 Grad natürlich problemlos ohne solche Tricks lagern.

Warenkunde

Der Kabeljau galt lange als gewöhnlicher Fisch, den man in großer Menge aus dem Meer ziehen konnte. Aber rabiate Fangmethoden haben dafür gesorgt, dass er rar und so zur begehrten Delikatesse wurde. Sogar der getrocknete Kabeljau, den man in den mediterranen Ländern als Stockfisch (baccalà) kennt, oder der gesalzene, getrocknete Klippfisch – früher billig und überall verfügbar – sind heute selten und teurer geworden. Die Fangrechte in den Nordmeeren, wo sich der Kabeljau am wohlsten fühlt, haben schon im Mittelalter zu Kriegen geführt, Kabeljau war und ist immer noch ein Wirtschaftsfaktor höchsten Ranges.

Die Kabeljaufamilie

Der Kabeljau gehört zur Familie der Gadiden, der Dorschartigen – nahe Verwandte sind der Schellfisch, der Merlan (Wittling) und der Lengfisch. Sie alle haben ein wunderbar weißes Fleisch, das sobald es gegart ist, feste, dicke Schichten bildet. Der Seelachs mit seinem gräulichen Fleisch und der Pollack mit gelblichem Fleisch gehören zwar ebenfalls in die Familie, gelten jedoch als minderwertig – eigentlich ungerecht: nur weil sie nicht so appetitlich weiß erscheinen.

Die Inhaltsstoffe

Kabeljau ist ernährungsphysiologisch hoch wertvoll: besonders reich an Eiweiß, an essentiellen Aminosäuren (die der menschliche Körper sich durch die Nahrung zuführen muss, er kann sie nicht selbst herstellen!), Spurenelementen, Mineralsalzen und von extrem hohem Jodgehalt. Berüchtigt wurde der arme Kabeljau, weil aus seiner Leber der grässliche Lebertran hergestellt wurde, der Generationen von Kindern das Leben buchstäblich vergällte, bis man lernte, dem gesunden Elixier einen angenehmeren Geschmack zu geben.

Von kleinen Dorschen bis zu den Riesenexemplaren

Der junge Kabeljau heißt Dorsch. Ihn bekommt man, weil noch von überschaubarer Größe, auch noch oft als ganzen Fisch. Von den großen Exemplaren, bis 20 kg schwer und mehr als meterlang, bietet man im allgemeinen die Filets an. Kabeljaufilet kann man praktisch überall kaufen – übrigens sind unsere Rezepte auch für alle anderen Arten von Fischfilet geeignet – zum Beispiel vom Rotbarsch, Seelachs etc., die schließlich zur selben Familie gehören. Tipp für alle, die Lust haben, sich mehr mit dem Thema zu beschäftigen: Uns hat ein Buch besonders gefallen, das die Geschichte des Kabeljaus beschreibt, die Kriege, die seinetwegen entstanden sind, die Traditionen, die sich um ihn entwickelt haben, sogar Rezepte. Sehr hübsch, interessant und lesbar geschrieben: Von Mark Kurlansky, »Kabeljau – der Fisch, der die Welt veränderte«, bei Claassen erschienen.

Zum Einkauf

Man sollte stets darauf achten, dass das Fischfleisch appetitlich weiß aussieht und glänzt. Schließlich kann man Frische auch gut am Duft erkennen. Glücklich, wer Kabeljau im Ganzen kaufen kann – an der Gräte gegart entwickelt ein Fisch noch mehr Geschmack. Den lässt man dann am besten in einem Sud aus Weißwein, Wasser, Senfkörnern, Lorbeer, Petersilienstielen sanft gar ziehen. Siehe auch unsere Rezepte.

Wichtig

Fisch sollten Sie nie zu lange zu starker Hitze aussetzen! Fischeiweiß ist besonders empfindlich – wenn es zu heiß geworden ist, flockt es aus, wird hart, der Fisch wird trocken. Und man kann ganz sicher sein: trocken wird Fisch nur durch falsche Behandlung. Sobald der Fisch glasig wirkt, ist er richtig – er sieht dann noch saftig und glänzend aus.

Die Getränke

Zum Fisch sollte es Weißwein sein, jedenfalls in diesem Fall. Wir empfehlen zum Beispiel einen kraftvollen Silvaner aus Franken, vom Weingut Wirsching. Gut passt auch eine Riesling Spätlese vom Schloss Johannisberg. Oder ein elegante Saarwein: ein Saarburger Rausch etwa vom Weingut Zilliken.

Gedünstetes Kabeljaufilet in Kräuterrahm

Das ist Schnellküche, wie man sie sich wünscht: Wer als erstes die Kartoffeln aufsetzt, kann sobald sie gar sind servieren. In der Zwischenzeit ist das Fischgericht leicht fertig!

Für 2 Personen:

2 schöne Filets vom Kabeljaurücken,
Salz,
Pfeffer,
Zitronensaft,
2 junge Zwiebeln oder Schalotten,
2 EL Butter,
1/4 l Weißwein,
1/4 l Fischfond (selbst gemacht oder aus dem Glas),
1/8 l Sahne,
2 Hand voll frischer Kräuter (Petersilie, Schnittlauch, Kerbel, Dill – was der Markt oder Garten hergibt)

1 Die Fischstücke rundum salzen und pfeffern, mit wenig Zitronensaft beträufeln. Die jungen Zwiebeln schälen und fein würfeln – falls Grün dabei sein sollte, beiseite legen. Die Zwiebelwürfel in einem passenden Topf in der aufschäumenden Butter andünsten, mit Weißwein und Fischfond ablöschen und etwa fünf Minuten heftig köcheln lassen.

2 Die Fischstücke in diesen Fond legen und zugedeckt auf sanftem Feuer etwa drei bis sechs Minuten ziehen lassen – je nach Dicke der Filetstücke. Man rechnet etwa pro Zentimeter Dicke eine Minute.

3 Die Fischstücke herausheben und auf einer vorgewärmten Platte oder zwischen zwei Tellern warm stellen.

4 Den Pochierfond mit etwas Sahne auffüllen und einkochen. Erst, wenn die richtige Menge erreicht ist, reichlich Frühlingskräuter einrühren Die Sauce mit dem Mixstab aufschlagen und mit Zitrone, Salz und Pfeffer abschmecken.

5 Die Sauce über die Fischstücke gießen und sofort servieren. Dazu schmecken kleine, neue Kartöffelchen und ein grüner Salat.

Kabeljau im bunten Gemüsebett

Besonders gut für eine größere Gästerunde geeignet – denn man kann alles in einer großen Reine in den Ofen schieben und dort garen.

Für 6 Personen:

ca. 1200 g Kabeljaufilet,
Salz,
Pfeffer,
Zitronensaft,
2 Zwiebeln,
3–4 EL Olivenöl,
3–4 Knoblauchzehen,
je 1 rote, grüne und gelbe Paprikaschote,
Origano,
2 Zucchini,
1 kleine Dose geschälte Tomaten,
1/8 l Weißwein

1 Die Fischfiletstücke portionsgerecht zuschneiden und nach Dicke sortieren. Auf beiden Seiten salzen, pfeffern und mit Zitronensaft einreiben.

2 Die Zwiebeln in feine Ringe hobeln und in einem ausreichend großen Topf oder Bräter im heißen Öl andünsten.

3 Den Knoblauch durch die Presse hinzudrücken. Paprika in bunten Farben jeweils entkernen, auf der Aufschnittmaschine oder mit dem Gemüsehobel in dünne Streifen schneiden und mitdünsten.

4 Die Zucchini in dünnen Scheiben ebenfalls mitschwenken. Das Gemüse mit Salz, Pfeffer und zerrebbeltem Origano würzen.

5 Die Tomaten samt Saft zufügen ebenso ein Glas Weißwein. Etwa fünf Minuten schmurgeln lassen, dann die gewürzten Fischstücke dazwischen schichten, dabei darauf achten, dass die dickeren Stücke, die eine längere Garzeit haben nach außen kommen, die dünneren Stücke in der Mitte besser versteckt werden.

6 Zugedeckt auf dem Herd bei mildem Feuer oder im 180 Grad heißen Backofen etwa 15 Minuten schmurgeln, bis die Fischstücke gar, aber innen noch saftig sind.

7 Direkt aus dem Ofen oder sogar im Topf zu Tisch bringen. dazu passt frisches Baguette, mit dem man den Gemüsesaft gut aufwischen kann.

Marinierte Kabeljauwürfel im Kräuterdampf

Das Fleisch vom Kabeljau ist geduldig, es verträgt jegliche Gewürze und Zubereitungen. Besonders geeignet ist das Dämpfen – denn so werden Geschmack und Konsistenz geschont. Schön wäre, wenn man hierfür dicke Rückenfiletstücke bekommen könnte, auf jeden Fall jedoch sollten sie möglichst gleich groß sein.

Für 4 Personen:

800 g Kabeljaufilet,
Salz, Pfeffer

Marinade:

2 EL Sherry,
1 EL Sesamöl,
2 TL fein gehackter oder geriebener Ingwer,
1 EL fein gehackter oder durchgepresster Knoblauch,
3–4 frische, scharfe Chilischoten (möglichst rot und grün),
1/2 TL Zucker,
1 TL thailändische Fischsauce

Außerdem:

Koriandergrün,
Thaibasilikum,
2 Frühlingszwiebeln,
100 g Sojabohnenkeime

1

3

1 Die Fischfiletstücke in große Würfel teilen, à jeweils mindestens 3–4 Zentimeter, mit Salz und Pfeffer würzen.

2 Aus den Zutaten eine Marinade rühren, die Würfel darin eine Stunde ziehen lassen. Sie schließlich nebeneinander auf einer Platte verteilen, dazwischen die abgezupften Blätter vom Koriandergrün, Thaibasilikum, feine Ringe von Frühlingszwiebeln und Sojabohnenkeime verteilen.

3 Die Platte in den Wok oder auf einen passenden Topf setzen, in dem dreifingerhoch Wasser steht. Aufkochen, damit Dampf entsteht, die Fischwürfel darin etwa fünf bis acht Minuten garen. Erst jetzt mit etwas thailändischer Fischsauce beträufeln und würzen.

4 Dazu serviert man duftigen Reis und am besten einen Salat, der mit Fischsauce und Sesamöl angemacht ist.

Kabeljau in Kartoffelhülle mit Schnittlauchsalat

Kabeljau in goldener, knuspriger Hülle ist ein Klassiker, hier ein besonders pfiffiges Rezept. Um Kartoffeln (oder andere Gemüse) in spahettifeine Streifen zu schneiden, gibt es ein kleines Gerät. Zu beziehen z. B. über Vincent Becker (siehe S.202).

Für 4 Personen:

ca. 800 g Kabeljaufilet (es genügen die dünneren Bauchstücke – bzw. Filets von kleineren Fischen),
Zitronensaft,
Salz,
Pfeffer,
Mehl zum Wenden,
1 Ei,
3 mittelgroße Kartoffeln,
Muskat,
Öl oder Butterschmalz zum Backen,
auch Sellerie- und Petersilienblätter

Schnittlauchsalat:

5 Bund Schnittlauch,
100 g Joghurt,
Salz,
Pfeffer,
Zitronensaft,
2–3 EL erstklassiges, würziges Öl (zum Beispiel ein gutes Olivenöl, Traubenkernöl oder Sonnenblumenöl),
2 Eier

1

2

1 Das Fischfilet in Portionen teilen, die Stücke säubern, säuern und salzen – das sind jene drei S, die zu Beginn vieler Zubereitungen mit Fisch stehen –, dann auch pfeffern, in Mehl wenden, schließlich durch verquirltes Ei ziehen.

2 Die Kartoffeln entweder auf der Raffel in feine Streifen schneiden oder mit dem Spezialgerät in spaghettifeine Streifen schneiden.

3 Die Kartoffelstreifen mit Salz, Pfeffer und Muskat würzen. Die Fischstücke dünn damit einpacken – nur eine dünne Schicht Kartoffelstreifen wird schnell genug gar!

4 Die Fischstücke im Kartoffelmantel in reichlich aufrauschendem Öl oder Butterschmalz sanft golden backen, bis die Kartoffelschnipsel gar sind. Auf Küchenpapier gründlich abtropfen.

5 Die Sellerie- und Petersilienblätter nur kurz ins heiße Fett tauchen und knusprig backen. Dies kann übrigens auch schon im Voraus geschehen – sie bleiben knusprig und behalten auch ihre schöne Farbe. Sie sind eine ebenso köstliche wie bildschöne Dekoration!

6 Für den Salat reichlich Schnittlauch in Röllchen schneiden, mit Joghurt, Salz, Pfeffer, Zitronensaft und erstklassigem Öl anmachen. Zum Schluss die beiden hart gekochten und gewürfelten Eier untermischen.

Kabeljau in Senfsauce

Dafür lässt man den Fisch im Ganzen, wenn er dafür jedoch zu groß ist, ruhig auch in großen Portionsstücken sanft gar ziehen. Es ist ein festliches Gericht – in Dänemark zum Beispiel liebt man ihn als Weihnachtsessen – das erfreulich wenig Arbeit macht und sehr schnell zubereitet ist.

Für 4–6 Personen:

1 ganzer Kabeljau von ca. 2 kg oder entsprechende Portionsstücke

Für den Fischsud:

1–2 l Wasser,
2 Möhren,
2–3 Stängel Bleichsellerie,
1 Zwiebel,
die Stiele von einem Bund Petersilie,
1 EL Pfefferkörner,
2 Lorbeerblätter,
1 Zitrone,
Salz

Für die Sauce:

1/2 l Fischsud,
100 g mittelscharfer Senf,
2 Eigelb,
Salz,
Pfeffer,
30–40 g Butter

1 Den Fisch innen und außen gut waschen, natürlich auch die Portionsstücke gründlich säubern.

2 Die Zutaten für den Sud in einem passenden Topf – in den der Fisch oder die Fischstücke gerade eben hineinpassen – aufsetzen. Die Gemüse putzen und nur grob zerschneiden. Die Zwiebel in Ringe schneiden, die Petersilienblätter beiseite legen, die Zitrone in Scheiben. Den Sud etwa zehn Minuten kochen, damit die Aromen sich entfalten können.

3 Den Fisch in den aufwallenden Sud legen, dann die Hitze so regulieren, dass die Flüssigkeit nur leise wallt. Den Fisch so zugedeckt in etwa 20 Minuten ziehen lassen. Dann einen halben Liter Sud abmessen, den Fisch warm stellen.

4 Den Sud um ein Drittel einkochen, dann den Senf einrühren und die mit etwas Sud verquirlten Eigelbe unterrühren. Unter ständigem Schlagen mit dem Schneebesen aufkochen, beim ersten Aufwallen jedoch sofort vom Feuer ziehen, damit die Eigelbe nicht ausflocken, sondern binden.

5 Jetzt mit dem Handmixstab die eiskalte Butter einarbeiten. Die Sauce abschmecken und getrennt zum Fisch servieren.

6 Dazu gehören unbedingt kleine Petersilienkartöffelchen: geschälte Pell- oder Salzkartoffeln, die mit reichlich Petersilie geschwenkt wurden sowie ein knackiger Salat.

Knuspriges Rotbarschfilet

Ganz wichtig ist hier, daß der Fisch in das fast rauchend heiße Fett gelegt wird – nur so wird er nämlich wirklich schön rösch. Aber dann heißt es auf jeden Fall aufpassen, damit der empfindliche Fisch nicht verbrennt. Sofort wenden und schließlich bald aus der Pfanne heben.

Für 2 Personen:

2 Rotbarschfilets zu je 180–200 g,
1 Zitrone,
Salz,
45 g Butter,
1 EL Olivenöl,
1 Gläschen trockener Weißwein

1 Die Rotbarschfilets mit dem Saft der halben Zitrone beträufeln, dann 10 Minuten ruhen lassen.

2 Abtupfen und salzen, aber nicht mehlen.

3 15 g Butter und das Olivenöl zusammen in einer beschichteten Pfanne kräftig erhitzen. Ehe diese aromatische Mischung zu rauchen beginnt, die Rotbarschfilets einlegen und auf beiden Seiten richtig braun braten, sodass schöne Röststellen zu sehen sind. Man muss einerseits die Struktur der Fischfilets noch erkennen, an manchen Stellen aber muss das ausgetretene Eiweiß zu schönen, etwas Blasen werfenden Röstflecken gebraten sein.

4 Inzwischen zwei Teller vorwärmen, sodass die fertig gebratenen Filets gleich darauf gelegt werden können. Mit Alufolie, besser mit weiteren, ebenfalls vorgewärmten Tellern, warm halten, während die Sauce rasch gekocht wird.

5 Dafür den Bratensatz der Pfanne mit dem Saft der zweiten Zitronenhälfte verrühren, den Weißwein angießen, alles auf die Menge eines Esslöffels einkochen und mit der restlichen, frischen Butter weißlich-durchsichtig aufschlagen.

6 Die Sauce über die noch krossen Fischfilets gießen.

7 Dazu gibt es ein cremiges Kartoffelpüree, in das winzigklein geschnittene Würfelchen von Stangensellerie gemischt wurden.

8 Getränk: Klassischerweise ein kräftiger Riesling aus Rheinhessen, dem Rheingau oder von der Nahe, wer es ausgefallener mag, ist mit einem jungen, leicht gekühlten Rotwein, etwa aus der Champagne, dem Beaujolais oder Norditalien, bestens bedient.

Im Ofen gebratener Kabeljau auf Champignons

Für eine große Runde ist immer ein ganzer Fisch ideal: Er lässt sich bequem in einer großen Bratenpfanne oder im tiefen Backblech im Backofen zubereiten und wird so gleichmäßig gar.

Für 5–6 Personen:

1 Zwiebel oder 3 Schalotten,
70 g Butter,
500 g frische Champignons,
1 Stück Kabeljau (ohne Kopf) von ca. 1,25 kg,
Salz,
Pfeffer,
1/10 l trockener Weißwein,
6 Knoblauchzehen,
1 Bund glattblättrige Petersilie,
2–3 EL Semmelbrösel

1 Den Backofen auf 200 Grad vorheizen. Zwiebel oder Schalotten fein würfeln. 20 g Butter in einer Bratenform verteilen und die Zwiebeln hineinstreuen. In den Ofen schieben und die Zwiebeln andünsten – ab und zu mit dem Kochlöffel durchrühren.

2 Inzwischen die Champignons putzen und in Scheiben schneiden oder vierteln bzw. kleinere Köpfe nur halbieren. Kabeljau waschen, alle Flossen und den Schwanz abschneiden, die Bauchhöhle säubern. Mit Küchenpapier trocknen, innen und außen salzen und pfeffern.

3 Die Champignons auf die Zwiebeln streuen, salzen, pfeffern, etwas durchmischen und den Weißwein darübergießen. Den Kabeljau daraufbetten und mit 30 g Butter in kleinen Flöckchen belegen. Ein Blatt Alufolie locker darauf legen, in den Ofen schieben und den Fisch 15 Minuten braten.

4 Die Knoblauchzehen schälen und durch die Presse drücken. Petersilie waschen, trockenschütteln, die Blätter abzupfen und fein hacken – mit scharfem Messer oder in der Moulinette. Die restliche Butter schmelzen. Semmelbrösel, Butter, Knoblauch und Petersilie vermischen, pfeffern und salzen.

5 Diese Mischung auf dem Kabeljau verteilen und gut fest drücken – ein Teil wird abrutschen, aber das kommt den Champignons zugute. Den Ofen auf 220 Grad hochschalten und den Fisch wieder hineinschieben, dieses Mal ohne Alufolie, und in weiteren 10 Minuten knusprig überbacken.

6 In der Form servieren oder auf eine vorgewärmte Platte umbetten. In jedem Fall vorher die Champignons noch einmal mit dem Saft vermischen.

7 Beilage: Salzkartoffeln und grüner Salat oder eine Auswahl verschiedener Salate – etwa Kartoffel-, Kraut-, Möhren-, Gurken-, Rettich- und grüner Salat.

8 Getränk: Kräftiger trockener Weißwein (Ruländer, Weißburgunder, Riesling) oder Rosé – sogar ein guter Apfelwein schmeckt hervorragend dazu!

Schellfisch oder Kabeljau in Selleriesauce

Die sahnig-cremige Sauce aus weichgekochtem und dann pürierten Sellerie passt mit ihrem sanften, erdigen Geschmack herrlich zum Kabeljau. Übrigens: Sie lässt sich auch schon extra vorher kochen, so dass man sie zum Servieren nur noch erhitzen und mit einem Pürierstab luftig aufschlagen muss.

Für 4 Personen:

1 Bund Suppengrün (Möhre, Petersilie mit Wurzel, Lauch),
2 Zwiebeln,
1 Sellerieknolle,
Salz,
1 EL Pfefferkörner,
3 Lorbeerblätter,
3 EL Weinessig,
1 schöner Angelschellfisch oder Kabeljau ohne Kopf – ca. 800–1000 g schwer,
50 g Butter

1 Suppengrün putzen und klein schneiden. Zwiebeln und Sellerie schälen und ebenfalls klein schneiden. In einem passenden Topf, vorzugsweise einem Fischkochtopf, mit reichlich Wasser (so viel, dass der Fisch, der später eingelegt wird, vollkommen bedeckt ist) aufsetzen und reichlich Salz, den Pfeffer und die Lorbeerblätter zufügen. Gut 20 Minuten durchkochen lassen.

2 Jetzt erst den Essig zugeben – macht man das gleich zu Beginn, wird der Sellerie nicht geschmeidig-weich, sondern behält einen Biss.

3 Den Fisch waschen und die Bauchhöhle säubern (vor allem, wenn der Fischhändler das nicht gemacht hat, die schwarze Haut mit einem scharfkantigen Teelöffel oder dem Messerrücken herausschaben). Schwanz und Flossen abschneiden, den Fisch schuppen, falls das noch nicht passiert ist. In den kräftig wallenden Sud einlegen, die Hitze herunterschalten und den Deckel aufsetzen. Den Fisch etwa 12 bis 15 Minuten ziehen lassen.

4 Selleriestücke und einen Teil der Zwiebeln herausfischen und mit etwas Sud im Mixer pürieren, sodass eine cremige Sauce entsteht. Durch ein Sieb treiben, abschmecken und mit der Butter aufschlagen – am besten wieder im Mixer oder mit dem Pürierstab.

5 Den Fisch aus dem Sud heben und auf einer vorgewärmten Platte, umlegt mit den restlichen Zwiebeln und den bunten Möhrenstücken zu Tisch bringen. Die Sauce getrennt servieren.

6 Beilage: Salzkartoffeln oder einfach gekochter (gequollener) Reis, jeweils mit ein paar fein gehackten Sellerie- oder Petersilienblättchen gewürzt.

7 Getränk: Trockener, würziger Weißwein – wer's leicht liebt, nimmt Müller-Thurgau, Scheurebe oder Kerner, wer einen ausgeprägten Geschmack mag, Morio-Muskat oder Traminer.

Paniertes Seelachsfilet

Diese Zubereitung passt bestens zu den meisten Filets, die bei uns angeboten werden: Seehecht, Lengfisch, Rotbarsch, Kabeljau, Merlan, Schellfisch, Scholle oder Knurrhahn. Sitzt eine ganze Runde bei Ihnen am Tisch, so backen Sie die panierten Filets am besten schwimmend in der Fritteuse aus. Sind Sie allein oder zu zweit, ist eine Pfanne günstiger: Sie kommen dann mit weniger Fett aus.

Für 4 Personen:

2 Fischfilets zu je 180 bis 200 g,
Zitrone,
Salz,
1 bis 2 EL Mehl,
1 Ei,
2 EL Wasser,
etwa 4 EL Semmelbrösel,
4 EL Butterschmalz (ersatzweise oder nach Geschmack ein anderes Bratfett)

1 Die etwas unansehnlich grauen, aber sehr wohlschmeckenden und festfleischig-saftigen Seelachsfilets mit Zitronensaft beträufeln und ein paar Minuten ruhen lassen.

2 Die Filets nun salzen, dann in Mehl wenden, durch das mit wenig Wasser verquirlte Ei ziehen und schließlich in den Semmelbröseln wenden.
In einer ausreichend großen Pfanne im recht heißen Butterschmalz golden und knusprig braten. Dabei darauf achten, dass auch die Seiten gebräunt werden und dennoch nichts verbrennt.

3 Beilage: Kartoffelsalat mit viel Zwiebeln und Gurkensalat mit Dill, beide mit einfacher Essig-Öl-Sauce (Vinaigrette) angemacht; nach Belieben auch Pellkartoffeln mit grünem Salat Dazu passt Bier ebensogut wie ein einfacher, ruhig etwas derber, aber frischer Weißwein (Gutedel, Silvaner).

TIPP

Eigentlich immer nimmt man bei uns zum Panieren fertig gekaufte Semmelbrösel. Feiner wären aus altbackenen Semmeln selbst gemachte, nämlich ganz helle, krumige Brösel, die besonders schön bräunen und lockerer bleiben - wie in Frankreich und der feinen Küche üblich möglichst frisch und ohne Rinde gerieben!

Seeteufel in würziger Sauce

Es lohnt sich nicht, das Gericht in kleinerer Menge zuzubereiten, weil sonst die Sauce nicht gut gelingt. Man rechnet relativ wenig Fisch, weil das Fleisch des Seeteufels gut sättigt und die Sauce auch nicht eben leicht ist. Servieren Sie dazu Reis oder, besser noch, ein duftiges Kartoffelpüree.

Für 4 Personen:

etwa 800 g Seeteufel am Stück – es sollen gute 600 g übrig bleiben,
1 große Zwiebel oder 5 Schalotten,
3 Fleischtomaten,
1–3 Knoblauchzehen nach Geschmack,
1 kleines Bund Petersilie,
3 EL Olivenöl,
Salz,
Pfeffer,
1 Lorbeerblatt,
1 ordentliche Prise Thymian,
3 EL Cognac oder Weinbrand,
1 Glas (1/8 l) sehr kräftiger, trockener Weißwein
150 g Butter,
1 Spritzer Zitronensaft,
Cayennepfeffer

1 Die Seeteufelfilets sorgfältig von der gallertigen Mittelgräte schneiden, von allen Häuten und Sehnen befreien und in etwa 2 cm große Würfel schneiden.

2 Zwiebel oder Schalotten fein würfeln. Die Tomaten überbrühen, unter kaltem Wasser abschrecken, häuten, entkernen und das Fruchtfleisch ebenfalls in Würfelchen schneiden. Knoblauchzehe(n) schälen, Petersilie fein hacken.

3 Das Öl in einem Brattopf erhitzen, bis es deutliche Schlieren macht und fast zu rauchen beginnt. Die Fischwürfel darin auf allen Seiten hellgolden braten – wenn nicht alle Würfel auf dem Topfboden Platz haben, in zwei Partien braten, damit sie wirklich braten und kein Wasser ziehen. Dabei salzen und pfeffern. Nach dem Braten die Würfel mit dem Schaumlöffel herausheben und beiseite stellen.

4 In dem Öl nun die Zwiebeln hellgelb dünsten. Tomatenwürfel zufügen, die Knoblauchzehe(n) durch die Presse hineindrücken, Lorbeerblatt, Thymian und die Hälfte der Petersilie zufügen. Durchmischen, auf starker Flamme kurz einkochen lassen, bis alle Flüssigkeit verdampft ist. Fischstücke darauf geben, den Cognac (Weinbrand) angießen und anzünden. Wenn die Flamme erlischt, auch den Wein zufügen. Hitze herunterschalten und alles noch etwa 6 Minuten unbedeckt kochen lassen, sodass sich die Flüssigkeit reduziert.

5 Die Fischstücke erneut herausnehmen und in einer Schüssel zugedeckt warm stellen. Die Sauce durch ein feines Sieb passieren und neben dem Herd mit Butterflöckchen schaumig-cremig aufschlagen. Am besten geht das mit dem Pürierstab.

6 Sauce mit Salz, Pfeffer, Zitronensaft und Cayennepfeffer abschmecken – sie soll eine spürbare Schärfe bekommen und eine zarte, sie leichter machende Säure.

7 Über die Fischstücke gießen, alles noch ein wenig durchmischen und mit der restlichen Petersilie bestreut servieren.

Bouillabaisse – die grosse Mittelmeer-Fischsuppe

Bereiten Sie Fischsuppen immer für mindestens vier, besser für sechs und mehr Personen zu – Sie brauchen dann zwar einen großen Topf, aber Ihre Suppe wird auch viel besser, weil nur dann genügend Fischsorten auf die nötige Weise ihren Geschmack entwickeln können. Was übrig bleiben sollte, wird durch die »Flotte

Für 6 Personen:

1,5 kg gemischte Felsenfische aus dem Mittelmeer – siehe Anmerkung,
2 Zwiebeln,
4 Knoblauchzehen,
2 vollreife Fleischtomaten,
das Weiße einer dicken Lauchstange,
4 mittelgroße Kartoffeln,
4 EL kräftiges Olivenöl vierge extra aus der Provence,
etwa 0,2 g Safran-Fäden (im allgemeinen 2 Döschen oder Tütchen),
2 stark gehäufte EL Salz,
reichlich frisch gemahlener Pfeffer,
1 gute Prise Cayennepfeffer,
3 l Wasser

Rouille für 6–8 Personen:

1 Eigelb,
1 TL Dijon-Senf,
1/2 TL Cayennepfeffer,
gut 1/8 l Olivenöl,
Salz,
Zitronensaft

1 Die Fische ausnehmen und putzen; Flossen, Schwänze und Köpfe abschneiden, die Köpfe aufbewahren und später mitkochen. Die Fische, wenn nötig, schuppen und quer in etwa 3 cm lange bzw. breite Stücke schneiden.

2 Zwiebeln und Knoblauchzehen häuten und hacken. Tomaten überbrühen, schälen, entkernen und das Fruchtfleisch würfeln. Lauch in Ringe schneiden, die Kartoffeln schälen und der Länge nach vierteln.

3 In einen großen Topf das Olivenöl gießen. Zwiebeln, Knoblauch, Tomaten, Lauch und Kartoffeln hineingeben, den Safran einstreuen, salzen, pfeffern und mit Cayennepfeffer würzen. Alles mit einem Kochlöffel gut durchmischen.

4 Fischstücke samt Köpfen darauflegen und mit kaltem Wasser auffüllen, bis nichts mehr herausschaut.

5 So schnell wie möglich zum Kochen bringen – am besten geht das auf Gas. Oder die Elektroplatte auf höchster Stufe vorheizen (vorsichtshalber einen anderen Topf mit Wasser daraufstellen, damit die Platte keinen Schaden leidet): Je schneller die Suppe zum Kochen gebracht wird, desto saftiger und wohlschmeckender sind später die Fische! Nach dem ersten Aufkochen die Zeit nehmen und die Bouillabaisse genau 20 Minuten kochen lassen.

6 Beilage: Frisches französisches Weißbrot (Baguette) und unverzichtbar eine Rouille – siehe rechts –, die man sich auf eine Brotscheibe streicht oder in die Suppe gibt und mit ihr verrührt.

7 Getränk: Ein trockener, junger Rosé aus der Provence.

Lotte« bzw. eine Gemüsemühle gedreht und gibt ein neues Gericht (lässt sich auch gut einfrieren). Hier das Marseiller Grundrezept, das sich aber ohne weiteres mit anderen Fischen abwandeln lässt. Es ist nicht nötig, zuvor einen Fischfond zu kochen, wenn man erstklassige, aromatische Fische hat.

8 Anmerkung: Die klassische Mischung für die Bouillabaisse der Fischer besteht aus Knurrhahn (*grondin lyre* oder *galinette*), Meersau oder Drachenkopf (*rascasse rouge*), Drachenfisch oder Petermännchen (*grande vive*), Meerratte (*rat* oder *rascasse blanche*), Lippfisch (*labre*, *vielle* oder *roucaou*), St. Petersfisch (*st. pierre*) und Meeraal (*congre* oder *fiela*); für die »feinere« bürgerliche Bouillabaisse in Marseille nimmt man gerne Teufelsfisch/Lotte (*baudroie*), Geißbrassen (*sar*), Languste und Bärenkrebse (*cigales*) hinzu. Freilich: Man bekommt nur einen Teil dieser Fische bei uns, viele Sorten nur tiefgekühlt. Immerhin lohnt es sich, in Supermärkten oder Kaufhäusern, in denen viele Gastarbeiter einkaufen, Umschau zu halten. Andererseits kann man mit den weißfleischigen Fischen aus den nördlicheren Gewässern, vor allem mit Schellfisch, Seehecht, Gold- oder Rotbarsch sowie Scholle, Rotzunge oder Seewolf (Steinbeißer) einen guten Ersatz finden.

Rouille

1 Eigelb, Senf und Cayennepfeffer mit dem Handrührer oder dem Schneebesen dick und cremig schlagen.

2 Ganz langsam, wie bei einer Mayonnaise, nach und nach das Olivenöl zufügen und in die Sauce arbeiten. Mit Salz und Zitronensaft abschmecken.

3 Anmerkung: Das Urrezept, das jedoch kaum mehr jemand zubereitet, weil es so viel Arbeit macht, schreibt vor, die Knoblauchzehen und Chilischoten im Mörser zu Püree zu zermahlen und schließlich mit in Fischsuppe eingeweichtem Brot zusammen zu mörsern, erst dann fügt man schließlich tropfenweise Olivenöl hinzu und rührt so lange, bis eine dicke, goldene Sauce entstanden ist.

Tipp

Versuchen Sie einmal eine Fischsuppe à la Bouillabaisse aus Nordseefischen. Hierzu sollten Sie zuvor aus Gräten und Köpfen von weißfleischigen Fischen (siehe unten) einen Sud mit Gemüse und Gewürzen kochen und die Suppe mit diesem aufsetzen – alles vorbereiten, wie unten angegeben, aber mit der kochend heißen Brühe aufgießen und nur 12 Minuten kochen lassen.

SOMMER

Sommer

An heißen Tagen ist leichte Küche angesagt. Junges Gemüse in allen Varationen. Gerichte, denen die intensiven Würzkräuter aus den Ländern rund ums Mittelmeer den Sommerduft nach Ferien geben. Und weil man jetzt nicht ewig in der Küche stehen mag, haben wir uns Rezepte für Gerichte ausgedacht, die ohne viel Aufwand auf den Tisch zu bringen sind – und natürlich den Gästen trotzdem Eindruck machen!

Mittelmeerkräuter für Sommergerichte

Einst waren sie die Exoten bei uns, nur getrocknet zu haben. Dann entdeckten wir die Möglichkeit, die frostempfindlichen, so ungemein aromatischen Kräuter in Töpfen oder Kübeln zu kultivieren, und verschönern mit ihnen Balkon und Garten auf italienische Art ... Welch Glück für die Küche!
Tatsächlich brauchen diese Kräuter wenig Pflege, alle paar Jahre muss man sie umtopfen. Selbst der regelmäßige Rückschnitt kann entfallen, wenn wir die neuen Triebe fleißig in der Küche verwenden: Immer nur den untersten Teil eines neuen Triebes stehen lassen, ein oder zwei Blattachseln lang, damit sich der Strauch neu verzweigen kann. Nur so bekommen Sie schöne, kompakte Büsche – das Gute verbindet sich perfekt mit dem Schönen!

Lavendel

Verträgt einigen Frost, treibt relativ spät aus und ist deshalb in nicht zu ausgesetzten Lagen auch bei uns im Freien zu kultivieren: Es gibt Sorten, die halten bis zu minus 22 Grad aus. Früher fasste man mit den wohlriechenden und hübsch blühenden Pflanzen häufig den Kräutergarten ein, ehe der robustere Buchs den Lavendel verdrängte. Heute kommt er wieder mehr zum Zuge, denn man kann (und soll auch!) die Pflanzen jedes Jahr zurückschneiden, damit eine Art von kleiner, wohlgeordneter und wohlduftender Hecke entsteht. Die Blüten werden getrocknet, in Säckchen eingenäht und in den Wäscheschrank gelegt, um sie zu parfümieren und vor Ungeziefer zu schützen – eine angenehme Methode, die ebenfalls wieder in Mode zu kommen scheint.
Darüber hinaus kann man den Lavendel aber auch als Würzkraut verwenden. Ein Salat, angemacht mit einigen Lavendelblüten, schmeckt köstlich, auch Sauce zu Schweinefleisch oder Wild verträgt eine minimale Beigabe sehr gut. Vor allem empfehlen wir Ihnen, einen Essig mit Lavendelblüten anzusetzen, der für Salate und Saucen hervorragend zu verwenden ist. Lavendelblüten sind auch Bestandteil der wirklich guten und originalen provenzalischen Kräutermischungen.

Thymian

Sicherlich das vielseitigste und daher am meisten verwendete Würzkraut unserer Küche nach Schnittlauch, Petersilie und Dill. In Frankreich ist er unabdingbar im Bouquet garni, dem Kräutersträußchen (mit Petersilie und Lorbeerblatt), kommt also in alle Suppen, Sude und Saucen. Tatsächlich ist seine Würzkraft von besonderer Harmonie, sind seine ätherischen Öle fein aufeinander abgestimmt. Thymianblüten sind noch viel zarter als die Blätter, strömen einen betörenden Duft aus und sind das himmlischste Gewürz auf Erden... Dabei ist der aus südlichen Ländern stammende Thymian dem einheimischen weit überlegen. Es handelt sich um eine andere Varietät, die nicht dunkelgrüne bis bräunliche Blätter besitzt, sondern helle, ins Silbrig-Bläuliche spielende, kleinere und rundere Blättchen, die nur im ausgehenden Winter und beginnenden Frühjahr, wenn sie ganz frisch hervorgetrieben wurden, grün sind. Dieses frühe Austreiben macht ihre Kultur in Deutschland schwierig. Wer eine Orangerie zur frostfreien, hellen Überwinterung besitzt, kann freilich diesen Thymian auch ziehen.
In den letzten Jahren ist die Variante des Zitronenthymians immer häufiger zu finden – er ist robust und sein deutlicher Zitronengeschmack macht ihn auch für die Küche interessant. Schließlich sei noch der Quendel, der so genannte wilde Thymian erwähnt. Er ist ein heimisches Gewächs, das man an trockenen Böschungen und Wegrändern finden kann. Er schmeckt deutlich nach Thymian und wird, wenn er blüht, geerntet und getrocknet. Dabei ist er mehr als nur Ersatz für echten Gartenthymian, denn seine harzige Note passt ausgezeichnet zu gegrillten und geschmorten sowie in Folie zube-

reiteten Gerichten, sei es nun Fisch oder Fleisch.

Rosmarin

Rosmarin besitzt eine sehr starke Würzkraft, die er schon bei der leisesten Berührung großzügig spendet. Am besten schmeckt auch er, wenn er aus südlichen Ländern stammt. Auch ihn bekommt man immer häufiger frisch. Im Garten kann man ihn nur in wenigen geschützten Lagen der wärmsten Gebiete Deutschlands halten. Entgegen den immer wieder anzutreffenden Angaben ist er nicht unbedingt frostempfindlich, sondern einige Arten vertragen leicht minus 20 Grad. Es empfiehlt sich daher, Rosmarin in einem frostbeständigen Topf zu halten, den man im Sommer hinausstellt (dabei ab und zu düngen, denn obwohl die mediterranen Pflanzen in karg anmutenden Böden gedeihen, brauchen sie reichlich Mineralien), im Winter so lange und oft wie möglich draußen lassen und erst bei unter minus 10 Grad hereinholen. Nur im Frühjahr, wenn der Rosmarin zu treiben begonnen hat, muss man größere Vorsicht walten lassen und sollte ihn hereinholen, wenn es unter minus 3 Grad zu gehen droht. Das macht etwas Arbeit, aber das Ergebnis ist verblüffend: Voller, herrlich grüner und gesunder Rosmarin ist der Lohn. Stellt man ihn dagegen den ganzen Winter über an einen zu warmen, zwar frostfreien, aber feuchten Platz, dann bildet sich Schimmel und die Pflanze geht ein oder wird von einem Virus, der sie verdorren lässt, vernichtet. Anders ist dies bei Jungpflanzen, die man im Zimmer aus Stecklingen immer wieder neu treiben kann; sie brauchen viel Wasser und eher feuchte Luft und haben noch nicht die hübschen, zarten, hellblauen und wohlriechenden Blüten, die ältere Stöcke hervorbringen. Rosmarin wird vor allem zu Fleischgerichten (geschmort, gegrillt) verwendet, doch schadet ein Zweiglein auch an manchen Gemüsen nicht (etwa Möhren, Kartoffeln, Tomaten oder Auberginen vertragen sich gut mit Rosmarin).

Salbei

Früher in allen Gärten heimisch, ist er ein wenig in Vergessenheit geraten. Zu vielen Sommergerichten passt er gut, aber im Winter hat er, getrocknet, seine beste Zeit. Salbei ist schließlich das herrlichste Gewürz zu Schwein, vor allem zu fettem Schweinefleisch, das er verdaulicher macht. Und was wäre da schöner, als ein Schweinebauch mit viel Salbei, ein Eintopf aus getrockneten Bohnen mit Salbei oder gebratene Apfelscheiben mit viel Salbei? Im Sommer dagegen würzen wir das Hähnchen damit, umwickeln Aalstücke mit Salbeiblättern (frischen natürlich!) und backen die Blättchen in Wein- oder Bierteig zu den berühmten Mäuschen aus (Rezept S. 75), die so gut zu Kaffee oder als Dessert munden. Salbei ist eine anspruchslose, wenig empfindliche Pflanze. Die Blätter werden einfach abgezupft, getrocknet und entweder ganz oder zerrieben verwendet. Wenn die Pflanze zu groß wird, sollte man sie zurückschneiden, weil dies den Ertrag wesentlich verbessert.

Origano

Bei uns wächst eine Unterart, Dost genannt, auf kalkhaltigem Boden wild, hat aber nicht das Aroma des südlichen Origanos, des wilden Majorans. Er erinnert immer ein wenig an Minze und passt nur zu wenigen Gerichten wirklich gut – zum Beispiel als Füllung einer in Folie gebackenen Forelle. Man kann in guten Garten-Centers und spezialisierten Gärtnereien alle möglichen Varianten von Origano kaufen; wir finden aber immer wieder, dass deren Aroma hierzulande einfach nicht befriedigend ist, und ziehen für südliche Speisen (Pizza, griechischer Hirtensalat mit Schafskäse usw.) getrockneten Origano aus dem Gewürzregal vor. Kaufen Sie aber nur eine gute Marke, und bewahren Sie den Origano nicht zu lange auf, denn sein Aroma verfliegt recht schnell.

Erbsencremesuppe mit Thymian

Thymian ist das Universalkraut in der mediterranen Küche. Gehört in jeden Würzstrauß, in Ragouts und Schmorgerichte, wo er mitkochen und sein Aroma weitergeben darf. Die Zweiglein geben ihren Duft auch ab, wenn man sie über die Grillglut streut. Man kann sie auch das Öl parfümieren lassen, in dem man Fleisch brät.

Für 6 Personen:

1 Zwiebel,
2 Stängel Sellerie,
2 Kartoffeln,
2 EL Butter,
300 g ausgelöste frische Erbsen (notfalls auch tiefgekühlt),
ca. 1/2 l Fleischbrühe,
Salz,
Pfeffer,
3 Thymianzweige,
Olivenöl zum Beträufeln

1

2

1 Zwiebel, Sellerie und Kartoffeln fein würfeln und in der Butter weich dünsten. Die Erbsen zufügen und mit Brühe auffüllen. Salzen, pfeffern, zwei Thymianzweige in die Suppe geben. Zugedeckt in etwa 20 Minuten alles weich kochen.

2 Die Thymianzweige herausfischen und wegwerfen. Die Suppe mit dem Mixstab pürieren. Den restlichen Thymian fein gehackt hineinrühren, noch einmal abschmecken.

3 Unbedingt Olivenöl auf den Tisch stellen, damit sich jeder Gast seine Suppe nach Belieben damit würzen kann.

TIPP

Kräuterstrauß

Wir schnüren ein solches Bündel aus Thymian, Petersilie und Lorbeerblatt. Wenn man gleich eine üppige Menge von Kräutern nimmt und einen richtigen Biedermeierstrauß daraus bindet, kann er ein entzückendes Mitbringsel bei der nächsten Einladung sein!

Origano-Forelle

Das Aroma vom Origano unterstützt den Fischgeschmack, außerdem ist es eine ebenso einfache, wie wohlschmeckende Zubereitung.

Pro Person:

1 Forelle,
Salz,
Pfeffer,
1 EL Butter,
Origanozweige

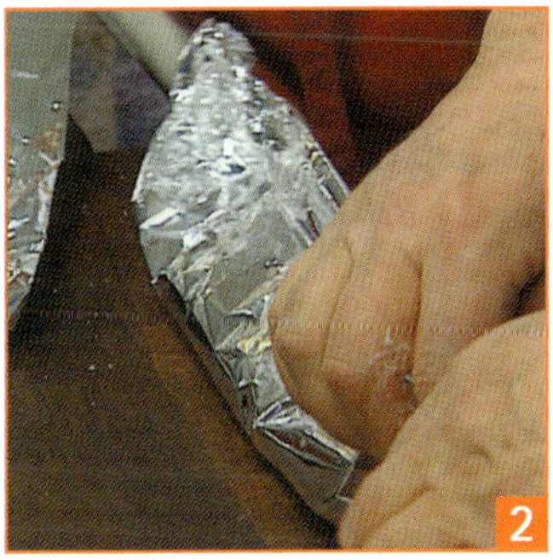

1 Die küchenfertige Forelle innen mit Salz und Pfeffer würzen, ein Butterstück und einen Origanozweig hineinlegen.

2 Den Fisch in Folie wickeln und ca. 20 Minuten im Backofen garen.

3 Jedem Gast sein Päckchen auf den Teller legen, damit er beim Öffnen den wunderbaren Duft wahrnehmen kann.

Marinierter Aal mit Salbei

Der marinierte Aal ist eigentlich eine japanische Spezialität, wir haben ihm zusätzlich einen europäischen Salbeimantel umgelegt, der die bekömmliche Wirkung der Marinade unterstützen soll. Die Blätter werden mit Küchenzwirn um die Aalstücke festgeschnürt. Das ist zwar nicht unbedingt nötig, weil sie beim Braten mit dem Aal geradezu verschmelzen, es dient aber einer schöneren Optik.

Für 4 Personen:

1/10 l Sojasauce,
1/10 l Mirin (japanischer süßer Kochwein) oder süßer Sherry (Amontillado),
1 TL fein geriebener Ingwer,
1 EL Sesamöl,
1/2 TL Shichimi togarashi, (japanische Gewürzmischung),
Saft einer halben Limone

Außerdem:

2 Aale (jeweils etwa 600 g, vom Fischhändler ausgenommen und gehäutet)
1 gute Hand voll Salbeiblätter
2 EL neutrales Öl
1 EL Sesamöl

2

3

1 Alle Zutaten für die Marinade leise etwa zehn Minuten köcheln lassen. Abkühlen.

2 Den Aal in Stücke von etwa sechs Zentimetern schneiden. Sie in einer flachen Schale oder, besser noch, in einem kleinen Plastikbeutel mit der Marinade übergießen. Mindestens zwei Stunden im Kühlschrank marinieren.

3 Schließlich abtrocknen, mit den Salbeiblättern umwickeln, die mit Küchenfaden festgebunden werden.

4 Die Aalstücke in einer großen Pfanne im heißen Öl langsam braten, wobei das eigene Fett herausbraten soll, oder auf dem Grill knusprig werden lassen, dabei mit der restlichen Marinade immer wieder einpinseln. Die Stücke auf Küchenpapier gründlich abtupfen.

5 Die kross gebratenen Aalstücke als Vorspeise oder kleinen Zwischengang auf Salatblättern angerichtet auftragen.

TIPP

Man kann die Aalstücke auch wunderbar grillen – eine gute Idee für Ihre nächste Grillparty!

Salbeimäuschen

Man isst sie mit einem salzigen Dip oder süß mit Himbeer-, Blaubeer- oder Aprikosensauce – ein ebenso hübscher wie wohlschmeckender Leckerbissen zum Aperitif, in seiner süßen Variante aber auch als Gebäck zum Kaffee und zum Dessert.

Für 6 Personen:

100 g Mehl,
1/8 l Bier oder Weißwein,
1 Ei,
25 g zerlassene Butter,
1 Prise Salz (für Süßspeisen
1 EL Zucker),
1 Hand voll Salbeiblätter,
neutrales Öl

Würziger Kräuterdip:

1 Becher Crème fraîche,
Salz,
Pfeffer,
1 Prise Cayennepfeffer,
etwas Zitronensaft,
reichlich frische, gehackte Kräuter

Himbeersauce:

1 Paket tiefgekühlte Himbeeren,
3 EL Zucker

1

2

1 Das Mehl mit Bier oder Wein glatt verquirlen, dabei das Eigelb, die flüssige Butter, Salz und gegebenenfalls Zucker unterrühren. Zum Schluss das steif geschlagene Eiweiß unterziehen.

2 Die Salbeiblätter einzeln im Teig wenden und in siedendem Öl golden ausbacken.

3 Für den Kräuterdip: Crème fraîche mit Salz, Pfeffer, Cayennepfeffer und Zitronensaft glatt rühren. Zum Schluss reichlich fein gehackte Kräuter untermischen.

4 Für die Sauce: Die Himbeeren mit dem Zucker bestreut auftauen. Einmal aufkochen, damit sich der Saft aus den Zellen löst. Die Beeren durch ein feines Sieb streichen.

TIPP

Tatsächlich ist der normale Salbei zum Kochen der beste. Frisch ist er immer unvergleichlich, wohingegen der getrocknete eigentlich eine Zumutung ist. Vom frischen jedoch kann man nicht genug kriegen, vor allem, wenn man ihn schön knusprig brät.

Perlhuhn mit Rosmarinduft

Perlhühner findet man immer öfter in guten Feinkostgeschäften. Die feineren Verwandten unserer guten alten Haushühner sind kleiner als diese und haben ein zarteres Fleisch. Seit sie wie diese auch gezüchtet werden, ist ihr Geschmack nicht mehr so ausgeprägt wie früher.

Für 4–6 Personen:

1 Perlhuhn (ca. 1400 g),
3 EL Olivenöl,
3–4 Rosmarinzweige,
2 Knoblauchzehen,
1 Zwiebel,
Salz,
Pfeffer,
ca. 1/4 l Rotwein,
2 EL Butter

1 Das Huhn in acht Portionsstücke teilen: Zuerst längs des Rückgrats und des Brustbeins halbieren, die Schenkel abtrennen und im Gelenk in Ober- und Unterschenkel teilen, schließlich die Flügel schräg zur Brust abschneiden.

2 Die Stücke in einem Bräter im heißen Öl rundum golden anbraten, dabei die Rosmarinzweige zufügen und die geschälten, unzerteilten Knoblauchzehen sowie die grob gehackte Zwiebel daneben streuen.

3 Erst wenn die Stücke überall Farbe angenommen haben, salzen, pfeffern und mit Rotwein ablöschen. Das Perlhuhn nunmehr zugedeckt etwa 15 Minuten sanft schmoren. Zuerst die Bruststücke herausheben und warm stellen, nach weiteren 10 Minuten auch die Keulen. Die Rosmarinzweige aus dem Topf fischen und wegwerfen.

4 Zum Schluss die eiskalte Butter mit einem Pürierstab unter den Bratenfond mixen, dabei auch Knoblauch und Zwiebel fein zerkleinern – oder alles im Mixer zu einer cremigen Sauce pürieren.

Panna cotta mit Rosmarin

Das wird Ihre Gäste verblüffen: Verraten Sie ihnen nicht gleich, wo der geheimnisvolle Duft dieses Desserts herrührt. Lassen Sie sie raten. Für die Konsistenz gilt: Je weniger Gelatine man nimmt, desto besser! Je niedriger die Förmchen, desto weniger »Stütze« braucht das Dessert. Aber: an warmen Tagen wird mehr Gelatine nötig sein als im kalten Winter.

Für 4–6 Personen:

1/2 l Sahne,
75 g Zucker,
1 Rosmarinzweig,
2–3 Blatt Gelatine

1 Die Sahne aufkochen, den Zucker darin auflösen, den Rosmarinzweig darin ziehen lassen. Dann herausfischen und entfernen.

2 Inzwischen die Gelatine in kaltem Wasser einweichen. Schließlich in der noch warmen Sahne auflösen. In Portionsförmchen verteilen und im Kühlschrank fest werden lassen.

3 Zum Servieren mit einem in heißem Wasser vorgewärmten Messer rundum vom Rand lösen, aus den Förmchen stürzen und auf Vorspeisentellern anrichten. Mit Kompott oder mit einer Fruchtsauce servieren.

Lavendeleisparfait

Endlich mal ein Rezept, wie Eis auch ohne Eismaschine luftig, duftig und leicht wird.

Für 4–6 Personen:

0,2 l Sahne,
2 EL Lavendelblüten,
4 Eigelb,
100 g Puderzucker

TIPP

*Wenn man die Kastenform mit Klarsichtsfolie auslegt, lässt sich das Parfait mühelos aus der Form lösen.
Zum Parfait passen Fruchtsaucen jeder Art.
So sieht es sehr hübsch aus: Die Saucen in Klecksen nebeneinander auf den Dessertteller setzen, in die Mitte die Scheibe Lavendelparfait platzieren und mit geriebenen Pistazien bestreuen. Den Teller mit einem Lavendelzweig oder mit Lavendelblüten dekorien.*

1 Sahne und Lavendelblüten aufkochen und mindestens eine halbe Stunde ziehen lassen, ruhig auch länger, bevor die Sahne durch ein Haarsieb gefiltert und gut gekühlt wird.

2 Für die Parfaitmasse die Eigelb mit dem Puder- und dem Vanillezucker im Wasserbad oder in einem dickwandigen Topf, der die Hitze gut leitet, direkt auf der milde beheizten Herdplatte so lange schlagen, bis die Masse heiß, sehr dick und hell geworden ist. Aufpassen, dass sie nicht ins Kochen gerät, weil sonst die Eigelb gerinnen und ihre Bindungsfähigkeit verlieren.

3 Den Topf mit der Eiermasse in eine Schüssel mit Eiswasser stellen, sie nunmehr so lange schlagen, bis sie wieder kalt ist. Die Lavendelsahne steif schlagen, behutsam in zwei Portionen unterziehen.

4 Die Masse in eine Kastenform füllen und gefrieren. Zum Servieren schließlich aus der Form lösen, stürzen, in Scheiben schneiden und hübsch anrichten.

TIPP

Ideal zum Würzen ist Lavendel in Essig. Dafür zwei, drei Zweige in eine Flasche mit gutem Weißweinessig stecken und ein, zwei Wochen mazerieren (ziehen) lassen. Mit diesem geheimnisvoll duftenden Essig dann helle Saucen würzen, zum Beispiel zum Fisch. Sehr empfehlenswert auch: einen Kartoffelsalat damit anmachen!

Rosmarinkartoffeln

Sie sind schnell gemacht, auch wenn es sich um Portionen für eine ganze Schar von Gästen handelt. Zusammen mit einer großen Schüssel Salat und würzig abgeschmecktem Quark ein angenehmes, leichtes Sommeressen. Natürlich auch die ideale Beilage zum kurzgebratenen Fleisch, zum Beispiel beim Grillfest! Dazu passt ein kräftiger Weißwein, zum Beispiel einer aus Rias Baixas, einer Weinbauregion im Nordwesten Spaniens, aus der zunehmend interessante Weine kommen.

Für 6 Personen:

1,5 kg Kartoffeln (möglichst gleich große Exemplare wählen, am besten eine fest kochende Sorte),
3-4 Rosmarinzweige,
1/8 l Olivenöl,
1 EL grobes Meersalz

1 Die Kartoffeln gründlich unter kaltem Wasser abbürsten, dann längs halbieren.

2 Die Rosmarinnadeln von den dicken Stielen streifen und auf einem Backblech verteilen.

3 Die Kartoffelhälften, mit der Schnittfläche nach unten, nebeneinander auf die Nadeln setzen.

4 Alles gleichmäßig mit Olivenöl beträufeln und mit grobem Salz bestreuen.

5 Bei 250 Grad im vorgeheizten Backofen 40 bis 50 Minuten backen, bis die Kartoffeln sanft gebräunt und durch und durch weich sind.

TIPP

Rosmarinöl

Ideal zum Grillen, zum Einlegen von Fleisch. Es ist ganz leicht herzustellen: Rosmarinzweige in eine Flasche mit gutem Olivenöl stecken. Nach 14 Tagen abgießen – nicht länger ziehen lassen, das Öl könnte sonst zu intensiv werden.
Noch ein Tipp zum Grillen: statt Pinsel einen Rosmarinzweig zum Einölen der Bratenstücke verwenden; das gibt zusätzliches Aroma.

Lauch oder Porree – ein königliches Gemüse!

Was im Allgemeinen im Suppengrün verschwindet oder nur als eine Zutat unter mehreren der Bratensauce Würze gibt, hat durchaus das Zeug zum Küchenstar! Die eleganten, schlanken Gemüsestangen können nämlich auch fabelhaft in einer Hauptrolle glänzen.

Wieso zwei Namen für ein Gemüse?

Je nach Region heißt das Stangengemüse Lauch oder Porree – letzterer Name ist eine Verballhornung des französischen *poireau*. Überall dort, wo französischer Einfluss herrschte, liebt man statt des germanischen Lauch mehr den welschen Porree. Das Gemüse ist jedoch gleich geblieben – fast: In Belgien – übrigens auch in der Türkei – züchtet man besonders lange Stangen, deren weißer Anteil erheblich größer ist, als gemeinhin üblich. In den türkischen Gemüsegeschäften kann man meist die normal kurzen Stangen, wie sie deutsche Gärtner hervorbringen, gar nicht finden. Dort verkauft man lieber den aus der Türkei importierten Lauch mit dem langen weißen Schaft.

Tatsächlich ist der weiße Anteil des Lauchs der zarteste. Je dunkler die Blätter, desto mehr sind sie mit Licht in Kontakt gekommen und haben sich mit einer stärkeren Chlorophyllbildung dagegen wappnen müssen. Das macht die Blätter fest und stabil, aber leider auch für den empfindlichen Gaumen störrisch. Die Herzen der Stangen sind natürlich immer zart – der Anteil für den Suppentopf wird dann eben größer...

Wie man Lauch vorbereitet

In jedem Fall gehören die Lauchstangen vor dem Verarbeiten gründlich geputzt und gewaschen, schließlich wachsen sie zu einem guten Teil unter der Erde. Dabei gerät vor allem dann viel Sand zwischen die Blattschichten, wenn der Lauch in lockerem Sandboden wächst, wo er besonders gut gedeiht. Welke, beschädigte oder schlaffe Außenblätter werden natürlich entfernt – da kann man ruhig großzügig sein, schließlich kostet Lauch nicht die Welt. Und die dunkelgrünen, allzu festen Blätter, die man als Gemüse nicht gern isst, können schließlich immer noch im Suppentopf ausgekocht werden und so der Brühe Kraft und Würze geben.

Vorratshaltung

Vom Lauch muss man sich keine Vorräte anlegen. Man kann die weiß-grünen Stangen rund ums Jahr in guter Qualität bekommen. Der Gärtner oder Bauer lagert seine Ernte in einer so genannten Miete, einer Grube voller Sand, worin er davon rundum umgeben vorm Austrocknen geschützt ist. Zu Hause sollte man die Stangen im Gemüsefach aufbewahren. Will man sie längere Zeit frisch halten, sollte man sie in ein feuchtes Tuch wickeln, das man allerdings immer wieder anfeuchten muss – denn die Kühlschrankluft trocknet aus.

LAUCHCREMESUPPE

Ein Klassiker unter den Suppen, in Frankreich beliebt als Vichyssoise – sie wird heiß, kann aber im Sommer auch gut kalt gegessen werden. Wir reichern sie mit einer pfiffigen Einlage an: Dafür werden Garnelen mit Ingwer, Knoblauch und Chili im Wok rasch pfannengerührt, natürlich einige Lauchringe dazu. Diese asienwürzige Einlage sieht edel aus und schmeckt wunderbar!

Für 4 Personen:

3 dicke Lauchstangen,
50 g Butter,
1 Knoblauchzehe,
2 Kartoffeln,
1/2 l Brühe,
Salz,
Pfeffer,
200 g Sahne,
Muskat,
Worcestershiresauce,
Cayennepfeffer,
Zitronenschale

Einlage:

200 g kleine Garnelen (roh, tiefgekühlt),
1 gestrichener TL Speisestärke,
je 1/2 TL fein gehackter Ingwer und Knoblauch,
2 EL neutrales Öl,
1 TL chinesisches Sesamöl,
Salz,
Pfeffer,
Zucker,
1 EL Sojasauce,
1 EL Sherry oder Reiswein,
Koriandergrün, Thaibasilikum oder Petersilie

1 Den Lauch putzen, das mittlere Grün für die Einlage beiseite legen, nur das ganz helle Grün und alles Weiße verwenden. Den Lauch gründlich waschen und in Ringe schneiden.

2 Zwei Esslöffel Butter in einem Topf erhitzen, den Lauch darin andünsten. Die Knoblauchzehe hinzufügen, ebenso die geschälten und gewürfelten Kartoffeln. Mit Brühe bedecken, salzen und pfeffern. Zugedeckt 20 Minuten weich kochen. Alles mit dem Mixstab glatt pürieren. Die Sahne angießen und einige Minuten köcheln. Mit Muskat, Worcestershiresauce, Cayennepfeffer und abgeriebener Zitronenschale abschmecken.

3 Die Garnelen auftauen (siehe S. 34), gut abtrocknen, wenn nötig entdärmen. Mit Stärke überpudern und gut damit einreiben. Erst unmittelbar vor dem Servieren pfannenrühren: Im heißen Öl (beide Sorten mischen) im Wok durcheinander wirbeln, dabei Ingwer und Knoblauch sowie eine Tasse voll des mittelgrünen Teils der Lauchstangen, in feine Ringe geschnitten, zufügen, salzen, pfeffern und mit Zucker würzen. Mit Sojasauce und Sherry/
Reiswein beträufeln und zum Schluss die zerzupften Kräuter untermischen.

4 Die Suppe vor dem Servieren noch einmal mit der restlichen Butter aufmixen und abschmecken. In Tassen oder tiefen Tellern anrichten und jeweils ein Viertel der Garnelen in die Mitte geben – sofort servieren.

Marinierter Lauch in Ingwermarinade

Eine schöne Vorspeise, ein interessantes Gericht für ein kaltes Buffet, oder, zusammen mit einem pochiertem Ei, auch eine komplette kleine Mahlzeit.

Für 4 Personen:

4–6 schöne, gleich dicke Lauchstangen,
Salz

Marinade:

1/2 TL Salz,
3 EL milder Essig (z.B. Apfelessig),
3 EL Olivenöl,
1 TL chinesisches Sesamöl,
1/2 TL Blütenhonig,
1 Schalotte,
1 TL winzig fein gehackter oder durch die Knoblauchpresse gedrückter Ingwer,
Zucker,
Pfeffer

1 Den Lauch putzen, alles dunkle Grün entfernen, die hellen und weißen Teile in gleich lange Stücke schneiden. In Salzwasser etwa 10 Minuten gar kochen, mit einer Schaumkelle herausheben und in eine flache Schüssel betten. Noch heiß mit der inzwischen vorbereiteten Marinade übergießen. Bis zum Servieren ziehen lassen – aber nicht zu lange stehen lassen, weil sonst der Lauch sich bräunlich färbt. Auch schmeckt der Lauch am besten noch warm!

2 Für die Marinade Salz, Essig und beide Ölsorten verquirlen, den Honig darin auflösen – notfalls dafür behutsam erwärmen. Die sehr fein gehackte Schalotte und Ingwer unterrühren. Mit einer Prise Zucker und Pfeffer abschmecken.

TIPP

Dazu passen sehr gut die auf chinesische Art zubereiteten Garnelen von Seite 81.

Lauchschnecken

Ein Auflauf, der zwar ein bisschen Arbeit macht, aber sich gut vorbereiten lässt, hinreißend aussieht und köstlich schmeckt: Man kann dafür fertigen Nudelteig verwenden, den man aufgerollt im Kühlregal finden kann. Oder man macht sich den Teig selbst!

Für 4–6 Personen:

300 g Mehl,
Salz,
1 EL Olivenöl,
3 Eier,
1–2 EL warmes Wasser

Lauchfüllung:

ca. 1 kg Lauch,
3 Knoblauchzehen,
3 EL Butter,
Salz,
Pfeffer,
Muskatblüte,
Cayennepfeffer,
1 dicke Kartoffel,
100 g Crème fraîche,
Petersilie,
300 g gekochter Schinken in dünnen Scheiben

Außerdem:

1/8 l Fleischbrühe,
100 g geriebener Käse,
Butterflöckchen

2

3

1 Den Teig aus den angegebenen Zutaten rasch zusammenkneten und für eine halbe Stunde gut verpackt bei Zimmertemperatur ruhen lassen.

2 Inzwischen die Lauchfüllung zubereiten: Lauch putzen, dunkles Grün entfernen, die Lauchstangen selbst in feine Ringe schneiden. Knoblauch fein würfeln und in der heißen Butter andünsten. Den Lauch zufügen, mit Salz, Pfeffer, reichlich Muskatblüte und einer Spur Cayennepfeffer würzen. Die Kartoffel schälen und auf der feinen Reibe hinzureiben. Den Rahm unterrühren, jetzt das Gemüse auf mildem Feuer etwa 10 Minuten sanft schmurgeln lassen, bis die Kartoffel die Masse bindet. Erst jetzt die fein gehackte Petersilie untermischen.

3 Den Nudelteig etwa messerrückendünn ausrollen, mit Schinkenscheiben belegen. Die Lauchfüllung zentimeterdick darauf verteilen. Den Teig quer zu einer oder mehreren dicken Rollen aufwickeln. Quer in gut 5 cm lange Stücke schneiden. Diese mit der Schnittfläche nach oben dicht nebeneinander in eine ausgebutterte feuerfeste flache Form setzen. Zum Schluss die Brühe mit dem Käse verrühren und über dem Ganzen verteilen. Die Oberfläche mit Butterflöckchen besetzen.

4 Im 200 Grad vorgeheizten Ofen etwa 20 Minuten backen, bis alles brodelt und der Nudelteig gar ist. Direkt aus dem Ofen zu Tisch bringen. Dazu unbedingt eine große Schüssel Salat reichen.

LAUCHQUICHE

Es lässt sich dafür im Prinzip die gleiche Füllung verwenden wie für die Lauchschnecken. Mit Blätterteig (fertig gekauft) ist in einer halben Stunde ein Imbiss, ein schnelles Abendessen oder ein feiner Happen zum Glas Wein zubereitet.

Für 4–6 Personen:

1 Paket Tiefkühlblätterteig,
750 g Lauch,
2 EL Butter,
1 Knoblauchzehe,
Salz,
Pfeffer,
Muskatblüte,
Cayennepfeffer,
200 g Sahne,
3–4 Eier (je nach Größe)

1 Den Teig auftauen, aufeinander stapeln und ausrollen, bis die Fläche groß genug ist, eine eingefettete Springform auszukleiden.

2 Den Lauch für die Füllung putzen, in feine Ringe schneiden und in der heißen Butter andünsten, dabei den Knoblauch fein gewürfelt oder durch die Presse hinzudrücken. Schließlich den Lauch zufügen, alles salzen, pfeffern, mit Muskatblüte und Cayennepfeffer würzen. Etwas abkühlen lassen, erst dann mit der Sahne und den verquirlten Eiern mischen.

3 Die Füllung sehr kräftig abschmecken und auf dem Teigboden verteilen. Bei Unterhitze im auf 200 Grad vorgeheizten Backofen etwa 50 Minuten backen, bis die Eier in der Füllung gestockt sind.

4 Noch warm servieren, mit einem Salat als Imbiss – in Häppchen geschnitten zum Aus-der-Hand-Essen als Begleitung zum Aperitif.

Nudelauflauf mit Lauch und Geflügelfleisch

Wunderbar geeignet, wenn man eine große Schar hungriger Gäste bewirten möchte: alles lässt sich prima vorbereiten und wird lediglich rechtzeitig in den Ofen geschoben.

Für 8–10 Personen:

750 g Tagliatelle oder Papardelle (sehr breite Bandnudeln),
Salz,
1 kg Lauch,
750 g Putenfleisch,
1 EL Speisestärke,
1 Eiweiß,
2 Zwiebeln,
2 dicke Möhren,
4 EL Öl,
Pfeffer,
2 EL Sojasauce,
400 g geriebener Käse (Emmentaler),
500 g Sahnequark,
1/2 l süße Sahne,
4 Eier,
Muskatnuss,
1 Döschen gemahlener Safran,
Butter für das Blech und für Flöckchen

1 Die Nudeln in Salzwasser nicht ganz gar kochen, abgießen, kurz unter heißem Wasser abbrausen und gründlich abtropfen lassen.

2 Den Lauch putzen, welke und dunkelgrüne Teile entfernen, in feine Streifen schneiden. In Salzwasser kurz blanchieren, dann eiskalt abschrecken, damit Farbe und Vitamine erhalten bleiben.

3 Putenfleisch schnetzeln. Stärke und das Eiweiß mit einer Gabel aufschlagen, die Fleischstreifen darin wenden und etwas ziehen lassen. Inzwischen die Zwiebeln und Möhren in feine Ringe beziehungsweise Streifen schneiden.

4 In einer tiefen Pfanne das Öl rauchendheiß werden lassen. Zunächst das Fleisch darin auf stärkster Flamme rasch anbraten, salzen und pfeffern. Herausnehmen. Nun die Zwiebeln und Möhren im verbliebenen Fett eine Minute braten, ebenfalls salzen und pfeffern. Fleisch zurückgeben, alles mischen und mit Sojasauce würzen.

5 In einer großen Auflaufform eine Schicht Nudeln verteilen. Darauf Käse, Lauch und Fleisch geben, dann wieder Nudeln, erneut Käse, Lauch, Fleischwürfel, schließlich die letzten Nudeln. Diese möglichst so anordnen, daß die Oberfläche ein schönes Muster bekommt.

6 Quark, Sahne und Eier verrühren, mit Muskat, Salz, Pfeffer und dem in etwas kochendem Wasser aufgelösten Safran würzen. Über den Auflauf gießen, dabei am Blech oder an der Form rütteln, damit die Flüssigkeit auch überall hingelangt.

7 Die Oberfläche mit Butterflöckchen belegen. Den Auflauf bei 180 Grad etwa 45 Minuten backen, bis die Nudeln dunkelgoldene Spitzen zeigen und der Auflauf richtig brodelt.

Kartoffelauflauf mit Lauch und Schinken

Aufläufe sind einfach etwas Wunderbares: Sie machen nicht viel Mühe, lassen sich bestens vorbereiten, ohne Schaden zu nehmen – selbst wenn sie eine Weile zu lange warten müssen –, und jeder mag sie!

Für 6–8 Personen:

2 kg gekochte Kartoffeln,
1,5 kg Lauch,
500 g gekochter Schinken in 3 mm dicken Scheiben,
2 EL Olivenöl zum Ölen des Blechs,
Salz,
Pfeffer,
Muskat,
Thymian,
1/2 l Sahne,
1/2 l Milch,
3 EL Olivenöl zum Beträufeln

1 Kartoffeln pellen und in Scheiben schneiden; den Lauch putzen und in feine Ringe schneiden. Den Schinken würfeln.

2 Eine große Auflaufform mit Öl auspinseln. Zuunterst eine Schicht Kartoffeln mit Lauch und Schinkenwürfeln darauf breiten. Salzen, pfeffern, mit Muskat und Thymian würzen. Dann den Rest darauf anordnen, sodass eine schön abwechslungsreiche, zugleich auch ordentlich aussehende Oberfläche entsteht.

3 Sahne und Milch verquirlen, ebenfalls mit Salz, Pfeffer und Thymian würzen, gleichmäßig über alles gießen – die Flüssigkeit soll die Oberfläche gerade eben erreichen. Zum Schluss alles mit Olivenöl beträufeln.

4 Für eine Stunde in den 180 bis 200 Grad heißen Ofen schieben, bis alles schön braun geworden ist und brodelt.

Hackfleischauflauf mit Lauch, Tomaten und Käse

Das Hackfleisch bleibt in diesem Auflauf besonders saftig, weil ein Deckel aus Lauch und Tomaten es vor allzu großer Hitze schützt. Wichtig beim Servieren: Mit dem Löffel bis zum Boden hinunter stechen, damit man von allen Schichten etwas bekommt.

Für 4–6 Personen:

1 altbackenes Brötchen,
1/2 l Milch,
1 Ei,
500 g Hackfleisch,
1 Zwiebel,
4 Knoblauchzehen,
3 EL Butter,
Salz,
Pfeffer,
Worcestershiresauce,
Sojasauce,
1 EL Senf,
1 kg Lauch,
500 g Fleischtomaten,
1 EL Mehl,
1/8 l Sahne,
200 g geriebener Emmentaler oder Gruyère

1 Das Brötchen in Scheiben schneiden und mit knapp 1/8 Liter kochender Milch beträufeln. Wenn es gut eingeweicht ist, gut ausdrücken und mit dem Ei zum Hackfleisch geben.

2 Zwiebeln und Knoblauchzehen fein würfeln und in etwas Butter weich dünsten. Etwas abgekühlt ebenfalls zum Hackfleisch geben. Schließlich alles zu einem geschmeidigen Teig mischen, dabei mit Salz, Pfeffer, Worcestershire- und Sojasauce und dem Senf kräftig würzen.

3 Den Lauch putzen, gründlich waschen, in Ringe schneiden und in Salzwasser zwei Minuten kochen. Die Tomaten auf einer Schaumkelle ins kochende Wasser tauchen, dann abkühlen, häuten, in Viertel schneiden und dabei entkernen. Das Mehl in zwei Löffeln Butter andünsten und mit der restlichen Milch und Sahne ablöschen, in einer halben Stunde zu einer recht dicken Sauce einkochen. Zum Schluss auch den geriebenen Käse einrühren und schmelzen.

4 Eine Auflaufform dick mit Butter ausstreichen. Den Hackfleischteig darin verteilen, die Lauchringe obenauf betten, dazwischen die Tomatenviertel verteilen. Die dicke Käsesauce schön gleichmäßig über die Zutaten ziehen.

5 Im 180 Grad heißen Ofen etwa 45 Minuten backen, bis alles brodelt und die Oberfläche schön braun geworden ist.

TIPP

Soll der Auflauf für mehr Gäste reichen, bekommt er eine Decke aus Kartoffelpüree. Das Püree sehr kräftig mit Pfeffer schärfen und mit Muskat würzen, auf der Käsecreme glatt streichen und mit Butterflöckchen belegen. Falls es beim Backen zu stark bräunt, schnell mit Folie abdecken!

RINDFLEISCH-LAUCH-GRATIN

Hervorragend ist hierfür: ausgekochtes Suppenfleisch zu verwerten, auch solches, das Sie vollkommen zerfieseln müssen, um es von den wenig schönen Fettadern zu befreien – man erkennt die einzelnen Fasern ja zum Schluss nicht mehr.

Für 4 Personen:

300–400 g gekochtes Rindfleisch oder übrig gebliebener Braten,
6 dicke Lauchstangen,
50 g Butter,
4 EL süße Sahne,
1/8 l Brühe,
Salz,
Pfeffer,
Aceto balsamico,
ein wenig Pfefferminze oder Petersilie,
ca. 50 g frisch geriebener Parmesan

1 Das Fleisch in Scheiben schneiden beziehungsweise mit einem großen Messer, so gut es geht, zerkleinern.

2 Den Lauch putzen, waschen, in Ringe schneiden und in der Hälfte der Butter andünsten. Ab und zu einen Schuss Sahne und Brühe angießen, damit nichts ansetzt. Mit Salz und Pfeffer, vor allem aber mit einem guten Schuss Aceto Balsamico abschmecken und mit den gehackten Kräutern vermischen.

3 Eine feuerfeste Form ausfetten. Das Fleisch abwechselnd mit dem Lauchgemüse einfüllen. Erneut mit Aceto Balsamico und mit einem Hauch Käse würzen. Bei 220 Grad etwa 15 Minuten lang gratinieren.

Versteckter Lauch

Eines unserer Lieblingsessen: in Schinken verstecktes Gemüse in einer würzigen Sahnesauce. Man kann nach demselben Prinzip (und Rezept) auch Chicoree servieren, Fenchel, sogar Möhren – variieren Sie einfach selbst!

Für 4–6 Personen:

6–8 mittelstarke Lauchstangen,
Salz,
10–12 große Scheiben gekochter Schinken,
4 EL Butter,
1 Zwiebel oder
3 Schalotten,
2 EL Mehl,
1/2 l Milch,
1/4 l Sahne,
200 g frisch geriebener Käse (Emmentaler),
Pfeffer,
Muskatnuss,
1 Prise Zucker,
1 Prise Cayennepfeffer,
1 Spritzer Worcestershire-sauce,
1 EL Zitronensaft

1 Den Lauch putzen: die unschönen äußeren Blätter und das Dunkelgrüne kappen, Stangen längs aufschlitzen und zwischen den Blattschichten gründlich waschen. In portionsgerechte Stücke schneiden. In Salzwasser aufwallen lassen, gleich in Eiswasser abschrecken. Gut abtropfen, jedes Stück in eine Schinkenscheibe einwickeln und nebeneinander in eine flache, gebutterte Form betten.

2 Währenddessen in der restlichen Butter die gehackte Zwiebel (Schalotten) andünsten, mit dem Mehl bestäuben und durchschwitzen. Milch angießen, glatt rühren und 20 Minuten köcheln, bis die Sauce dicklich-cremig ist. Die Sauce durch ein Sieb streichen, Sahne hinzufügen, noch einmal aufkochen, dann neben dem Herd den Käse einrühren und sehr würzig abschmecken.

3 Über das Gemüse gießen. Den Auflauf bei 180 Grad etwa 45 Minuten im Backrohr backen, bis alles brodelt und appetitlich braun geworden ist.

Lauchgemüse mit Äpfeln und Sonnenblumenkernen

Schmeckt zu kurz gebratenem Fleisch, also Schnitzel oder Koteletts. Dazu passt außerdem ein Kartoffelpüree, das wir in diesem Fall gern mit reichlich Schnittlauch vermischen.

Für 4 Personen:

500 g möglichst gleich starke Lauchstangen,
ca. 500 g Äpfel (z. B. Jonathan oder Ingrid Marie),
3 EL Butter,
Salz,
Pfeffer,
1 Prise gemahlener Kreuzkümmel,
ca. 1/8 l Hühner- oder Gemüsebrühe,
3 EL Sonnenblumenkerne

1 Den Lauch sorgfältig putzen, beschädigte oder gar welke Blätter entfernen, die Stangen aufschlitzen und gründlich auswaschen. Schließlich schräg in schmale Scheiben schneiden.

2 Die Äpfel schälen, vierteln, vom Kerngehäuse befreien und längs in dünne Spalten aufschneiden. Lauch und Apfelstücke in 2 EL Butter andünsten, etwas salzen, pfeffern und mit Kreuzkümmel bestäuben. Mit Brühe ablöschen und ohne Deckel einige Minuten köcheln.

3 Inzwischen in einem kleinen Pfännchen in der restlichen Butter die Sonnenblumenkerne anrösten und über das Gemüse streuen.

Lauchgratin

Dieser Lauchgratin passt zu allen Braten, zu Schmorbraten und Wild, besonders gut übrigens auch zu gekochtem Rindfleisch. Elegant sieht er aus, wenn man die Stangen ganz lässt, dann braucht man eine rechteckige Form, die groß genug ist, die langen Stangen aufzunehmen.

Für 4–6 Personen:

1,5 kg nicht zu dicke Lauch-(Porree-)stangen,
Salz,
ca. 1/4 l Milch,
1 gehäufter EL Speisestärke
1 Tasse Kalbsfond oder konzentrierte Brühe,
100 g Crème fraîche,
Pfeffer,
Muskatnuss,
abgeriebene Zitronenschale,
1 Prise Cayennepfeffer,
1 Spritzer Worcestershire-sauce,
Butter für die Auflaufform,
125 g frisch geriebener Emmentaler

1 Den Lauch putzen: Das harte, faserige oder welke Grün abschneiden, die Stangen, sollen sie im Ganzen verwendet werden, auf die Maße der Form zurechtstutzen. In diesem Falle auch längs aufschlitzen jedoch nur auf einer Seite bis in die Mitte einschneiden, damit man ihre einzelnen Blätter aufbiegen und auswaschen kann. Stangen, die in schräge Ringe geschnitten werden, kann man danach waschen.

2 Den Lauch blanchieren. Ganze Stangen 10 Minuten in sprudelnd kochendem Salzwasser vorgaren, abtropfen und in Eiswasser abkühlen. Bei Ringen genugen 4 bis 5 Minuten. Durchs Blanchieren verliert sich die Schärfe, doch bleibt die grüne Farbe besser erhalten und die Vitamine werden stabilisiert. Sehr gut abtropfen lassen oder auf Küchenpapier trocknen.

3 Die Milch zum Kochen bringen. Speisestärke mit der Brühe glatt quirlen und zugießen. Einige Minuten kochen lassen, bis die Sauce dicklich wird, schließlich die Crème fraîche einrühren. Die Sauce mit Salz, Pfeffer, reichlich Muskat, Zitronenschale, einer ordentlichen Prise Cayennepfeffer und Worcestershiresauce kräftig abschmecken.

4 Eine feuerfeste Form ausfetten und den Lauch einlegen – die Stangen wieder in Form bringen und dicht an dicht und Kopf bei Fuß einordnen, Ringe gleichmäßig in der Form verteilen. Die Sauce darüber gießen und schließlich alles mit geriebenem Käse bestreuen.

5 Den Lauch bei 220 Grad auf der oberen Schiene 25 Minuten backen, bis der Käse geschmolzen ist und alles brodelt.

TIPP

Am besten schmeckt das Gericht mit jungem, zartem Sommerlauch. Den kräftigeren, festeren Winterlauch schneidet man lieber in Scheiben. Möglichst exakt und sehr schräg – so sehen sie hübscher aus. Wichtig nur: Die Lauchscheiben müssen so dicht liegen, dass nicht zu viel Sauce dazwischenläuft.

Kartoffeltopf mit Porree

Ein sommerlicher, ganz leichter Eintopf, der mit dem zarten jungen Sommerlauch geradezu elegant gerät. Dazu trägt auch Zitronenfrische – Saft und Schale – nicht unerheblich bei

Für 4–6 Personen:

4 Kalbsknochen,
750 g leicht durchwachsenes Kalbfleisch aus der Schulter,
250 g mehlig oder auch mehlig-festkochende Kartoffeln,
ca. 500 g Lauch,
Salz,
gemahlener oder zerstoßener Kreuzkümmel (Cumin),
etwas abgeriebene Zitronenschale,
frisch geriebene Muskatnuss,
Pfeffer,
20 g Butter,
2–4 EL süße Sahne,
1 Bund Petersilie, fein gehackt

1 Kalbsknochen mit Kalbfleisch, gewürfelten Kartoffeln und in Scheiben geschnittenem Lauch in einen Topf füllen. Vom Lauch zwei Tassen ganz weiße Ringe beiseite stellen. Alles knapp mit Wasser bedecken, mit Salz, Kreuzkümmel, Zitronenschale, Muskat und Pfeffer würzen.

2 Etwa eineinhalb Stunden ganz leise vor sich hin köcheln lassen. Dann Knochen und Fleisch herausnehmen, letzteres warm stellen. Lauch-Kartoffel-Sud mit dem Pürierstab oder im Mixer pürieren und mit den angegebenen Gewürzen kräftig abschmecken, falls diese Suppe zu dick ist, mit einem Schuss Fleischbrühe verdünnen.

3 Während der Kochzeit die zur Seite gelegten Lauchscheiben in etwas Butter nicht ganz weich dünsten. Kalbfleisch in Scheibchen schneiden. Suppe auf Teller verteilen, die Lauchringe und das Fleisch einlegen. Jeweils einen kleinen Klacks Sahne in die Teller geben und einrühren. Mit Petersilie bestreuen.

TIPP

Nach dem Kochen die Brühe mit trockenem Wein oder mit Zitronensaft frisch-säuerlich abschmecken. Auch passt Basilikum oder grüner Koriander prima dazu.

Nudeltopf mit Lauch

Dieser Eintopf ist eher von der herzhaften Art. Man braucht dafür die dünnen, kurzen Spaghetti, die man später gut mit dem Löffel verspeisen kann.

Für 4–6 Personen:

1,5 kg Lauch
3 Knoblauchzehen,
1 l kräftige Rinderbrühe aus 500 g gutem Suppenfleisch,
300 g Gabelspaghetti (feine Suppenspaghetti),
etwas Salz,
2 Bund Schnittlauch,
Pfeffer,
Worcestershiresauce,
Cayennepfeffer,
je nach Geschmack auch jeweils etwas Basilikum und Safran

1 Lauch putzen, waschen, in feine Ringe schneiden, mit den 3 zerdrückten Knoblauchzehen (nach Belieben auch gleich ein paar Zweiglein Basilikum) in einen Topf füllen, Fleischbrühe darüber gießen und alles gemütlich eine halbe Stunde köcheln lassen.

2 Spaghetti in Salzwasser knackig-gar (al dente) kochen. Schnittlauch in Röllchen, das Suppenfleisch in recht kleine Scheiben schneiden.

3 Brühe wieder aufkochen und mit den angegebenen Zutaten abschmecken. Danach abgetropfte Nudeln, Lauch, Fleisch und Schnittlauch hineinrühren, erneut vollkommen erwärmen, aber nicht mehr kochen! Sofort auf den Tisch bringen.

Scharfes Rindfleisch mit Lauch

Rasch im Wok pfannengerührt oder rührgebraten, steht das Gericht schnell auf dem Tisch. Deshalb sollte man den Reis dazu unbedingt rechtzeitig vorher aufsetzen: Im Reiskocher geschieht das ganz allein und ohne Aufsicht – mehr über dieses praktische Gerät: Seite 97.

Für 2 Personen:

300 g Rinderlende,
2 EL Sojasauce,
1 EL trockener Sherry,
1/2 TL Backpulver,
gut 1 EL Speisestärke,
4 dünne Lauchstangen,
1 Stück Ingwer (etwa 2 cm),
2 rote Chilischoten,
1 EL Austernsauce,
4 EL Hühnerbrühe,
1 EL Sesamöl,
1 TL Zucker,
schwarzer Pfeffer,
6 EL Öl zum Braten,
etwas Koriandergrün zum Bestreuen

1 Das Fleisch quer zur Faser in feine Scheiben schneiden. Mit je einem Esslöffel Sojasauce und Sherry, dem Backpulver, einem Esslöffel Speisestärke in einer Schüssel gründlich vermengen und für eine Stunde in den Kühlschrank stellen.

2 Inzwischen die Lauchstangen waschen und putzen, alles dunkle Grün wegschneiden, das Weiße schräg in 5 cm lange Stücke daraus schneiden, jedes längs halbieren, dicke Stangen sogar vierteln.

3 Ingwer schälen und fein hacken. Eine Chilischote sorgfältig von den Kernen befreien und fein würfeln, die andere ganz lassen.

4 Die restliche Sojasauce, die Austernsauce, Brühe, einen Teelöffel vom Sesamöl, einen halben Teelöffel Stärke sowie Zucker und Pfeffer verquirlen.

5 Vor dem Braten einen Esslöffel Sesamöl unter das Fleisch rühren. Das restliche Öl in einer Pfanne oder im Wok erhitzen. Chiliwürfel und Schote darin schwenken. In diesem Öl das Fleisch pfannenrühren. Sobald es seine rote Farbe verloren hat, herausheben und beiseite stellen.

6 Das verbliebene Fett bis auf einen Esslöffel abgießen. Darin Lauch und Ingwer unter Rühren braten.

7 Die Würzsauce angießen und einmal aufkochen. Das Fleisch wieder zurück in die Pfanne geben, alles mischen und nochmals erhitzen. Mit etwas frischem Koriandergrün bestreut heiß servieren.

TIPP

Soll das Fleisch nicht am Pfannenboden festkleben, darf man nicht mit Öl sparen. Außerdem sollten Sie sofort an der Pfanne rütteln und mit dem Pfannenwender unter die Fleischscheiben fahren, damit sie auf einem Ölpolster schwimmen und sich die Poren unverzüglich schließen.

Goldene Lauchtaler

Dafür werden möglichst dicke Lauchstangen quer in gut zentimeterstarke Scheiben geschnitten, dann in Teig gehüllt und in heißem Öl schwimmend ausgebacken. Entweder serviert man die Taler mit einem Dip zum Aperitif oder mit einem Salat als kleinen Imbiss.

Für 6 Personen:

2 Eigelb,
100 g Mehl,
1/4 l Weißwein,
1/2 TL Salz,
1 Eiweiß,
1 kg Lauch

1 Eigelb, Mehl und Wein verquirlen, salzen und mindestens eine halbe Stunde quellen lassen, damit sich der Kleber entwickeln kann. Schließlich das steif geschlagene Eiweiß unterziehen.

2 Den Lauch sehr sorgfältig putzen, alles dunkle Grün wegschneiden, nur das weiße Stück der Stange quer in gut zentimeterdicke Scheiben schneiden. Diese Scheiben mit einer Gabel durch den Teig ziehen, abtropfen, damit es nur von einem Hauch von Teig umhüllt ist und schließlich schwimmend im heißen Fett goldbraun backen.

3 Mit einer Schaumkelle herausheben und auf Küchenkrepp abtropfen lassen.

4 Als Dip dazu passt die Remoulade von Seite 178, das mild-fruchtige Chili-Relish mit Ananas von Seite 145 oder, für ganz hartgesottene, das feurige Chili-Würzöl von Seite 147.

TIPP

Zum Frittieren nimmt man am besten Olivenöl. Es ist dank seines hohen Rauchpunkts, der über 200 Grad liegt, besonders gut dafür geeignet. Natürlich muss es in diesem Fall nicht das teuerste der Extra-vergine-Qualität sein. Sopraffino vergine (Olivenöl fein), also die zweite Qualität oder sogar ein Öl der dritten Stufe, Olivenöl mittelfein oder vergine, tut's auch.

Blumenkohl und Broccoli

Gemüse satt – von seiner schönsten Seite

Sind sie nicht bildschön, diese Kohlverwandten? Sie sehen doch eher wie prachtvolle Blumen aus, durchaus nicht so bieder, wie ihre Verwandtschaft mit dem als langweilig verschrienen Kohl vermuten lässt. Tatsächlich sind beide Kohlvarianten, Broccoli wie auch Blumenkohl, Ergebnisse von intensivem Züchterfleiß.

Den Blumenkohl, so wie er heute aussieht, kennt man allerdings schon etwa 300 Jahre. Er wurde in Italien entwickelt. Wie auch der grüne Broccoli, übrigens auch Spargelkohl genannt, den italienische Auswanderer dann später nach Amerika gebracht haben.

Während Kohl, der Urvater (den es auch in großer Vielfalt gibt, denken Sie nur an die verschiedenen Farben von Weiß-, Grün- bis Rotkohl, auch an die unterschiedlichen Formen – feste runde, spitze Köpfe oder die lockeren Köpfe vom Wirsing –, während also Kohl ein überaus haltbares Gemüse ist, das man gut den ganzen Winter über lagern kann, sind die bildschönen Anverwandten eher kapriziös und möchten möglichst bald verspeist werden. Sonst werden sie welk, lasch, sind nicht mehr knackig fest und färben sich womöglich gelb. Beide Kohlarten sollten nur kurze Zeit und dann natürlich kühl gelagert werden.

Dicke Blattstrünke werden meist bereits vom Händler entfernt – der weiße Blumenkohl wächst ja fest von Blättern umhüllt, damit er nicht im Sonnenlicht gilbt. Zarte innere Blätter kann man, zum Beispiel in einer Gemüsesuppe, mitverwenden. Was man mit den Strünken der Röschen macht, zeigen wir noch in der Küche.

Broccoli ist besonders gesund!

Broccoli wurden in Amerika mit besonderer Vorliebe gezüchtet und weiterentwickelt, sie sind dort immer ein beliebtes Gemüse gewesen, bis Präsident Bush einmal öffentlich gegen ihn vorgegangen ist, weil er partout keinen mag. Die empörten Züchter haben dann enorme Anstrengungen unternommen, den ramponierten Ruf dieses Gemüses zu retten. Hochbezahlte Wissenschaftler beschäftigten sich gründlich damit und stellten fest, dass Broccoli tatsächlich enorm gesund ist.

Er liefert nämlich nicht nur, wie jedes andere Gemüse, reichlich Vitamine, Mineralien und Ballaststoffe, die gut für die Verdauung sind, sondern wirkt sogar, das ist nunmehr nachgewiesen, Krebs hemmend! Grund genug also, sich intensiver damit zu beschäftigen und ihn öfter auf den Tisch zu bringen.

Wir haben deshalb Rezepte entwickelt, die garantiert auch Mister Bush überzeugen würden. Dabei haben wir uns von den Küchen Asiens inspirieren lassen und wollen Ihnen zeigen, wie einfach und mühelos sie zuzubereiten sind und wie wohlschmeckend obendrein!

Weitere Varianten aus der verzweigten Blumenkohlfamilie sind der Türmchenkohl, auch Minarettkohl oder Rumescu genannt. Er bringt eine andere Struktur, Farbe und Textur auf den Tisch, denn zum Beispiel ist er sehr viel bissfester als die anderen Anverwandten. Dann liebt man in Süditalien den grasgrünen Blumenkohl – er ist eher von lindgrüner Farbe, nicht dunkelgrün wie Broccoli. Eine lila Variante bringt wieder eine neue Farbe auf den Tisch. All diese farbintensiven Varianten sind auch im Geschmack intensiver und würziger.

Das Gemüse putzen

Wer seinen Blumenkohl aus dem eigenen Garten holt, der sollte den guten alten Großmuttertipp beherzigen und den Kopf erst einmal von Ungeziefer befreien, das sich nur zu gern zwischen den Röschen aufhält. Dafür legt man den von den äußeren, grünen Blättern befreiten Kohl in eine Schüssel mit gut gesalzenem Wasser. Das mögen die Würmchen und Käfer nicht und kriechen nach oben, an die Oberfläche, wo man sie dann bequem entfernen kann. Bei Blumenkohlköpfen aus kommerziellem Anbau allerdings wird das sicher kaum mehr nötig sein...

Gemüse für den Vorrat

Broccoli lässt sich besser einfrieren als Blumenkohl, der aus seinem Kälteschlaf immer ein wenig schlaff und wattig erwacht. Aber im Grunde überstehen beide Kohlsorten den Kälteschlaf besser in Form von Püree. Dieses ist dann eine wunderbare Basis für cremige Suppen, man kann Saucen und Eintöpfe damit binden. Wer jedoch knackige Blumenkohlröschen schätzt, sollte sie stets aus dem frischen Kohlkopf schneiden.

Blumenkohl und Broccoli auf fernöstliche Art

Ideal sind asiatische Gewürze und Kräuter zum sanften Blumenkohl. Er lässt sich fabelhaft für jedwede Art von Pfannengerührtem, in Thai- und Indien-Currys verwenden. Und dann empfiehlt sich auf jeden Fall:

Der Reiskocher

Wer die fernöstliche Küchen liebt, braucht ein solches Gerät unbedingt! Denn damit gelingt der Reis garantiert und immer, man kann ihn mühelos warm halten, und er bleibt trotzdem duftig und locker, pappt niemals zusammen. Und: man hat immer eine zusätzliche Herdplatte, die sonst vom Reiskochtopf blockiert wäre. So ein beheizbarer Topf kostet rund 120 Mark, kommt meist aus Japan, und es gibt ihn in jedem Asiashop. Er funktioniert ebenso einfach wie perfekt: Man füllt Reis und Wasser nach exakter Maßgabe ein, schaltet das Gerät an und kann nach genau 20 Minuten den duftigen, lockeren Reis entnehmen. Falls man ihn nicht gleich braucht, hält die eingebaute Wärmeplatte den Reis auf der gewünschten Temperatur.

Blumenkohlsalat

So liebt Moritz Blumenkohl am meisten: gerade eben noch warm, mit einer säuerlichen Vinaigrette und mit reichlich Schnittlauch bestreut. Und wenn er dazu noch ein knusprig gebratenes Würstchen bekommt, zum Beispiel Nürnberger Rostbratwürstchen, und kräftiges Bauernbrot, dann ist er hoch zufrieden.

Für 4–6 Personen:

1 schöner Blumenkohl,
Salz,
Zitronensaft

Vinaigrette:

1 TL Senf,
Salz,
Pfeffer,
3–4 EL aromatischer Essig (z.B. milder Apfelessig),
4 EL gutes Öl (nach Geschmack: kaltgepresstes Sonnenblumenöl, Mohnöl oder Olivenöl extra vergine),
1 Bund Schnittlauch,
nach Belieben auch Kerbel, Koriandergrün

2

3

1 Den sorgfältig geputzten Kohlkopf im Ganzen in wenig gesalzenem Wasser bissfest kochen – ein paar Tropfen Zitronensaft im Kochwasser machen ihn besonders hell und verhindern Kohlgeruch!

2 Den Kohlkopf – die Röschen sollten eben weich sein, die Strunkstücke noch Biss haben – auf eine tiefe Platte setzen.

3 Aus den angegebenen Zutaten mit dem Schneebesen eine cremige Vinaigrette rühren, dabei mit etwas Kochwasser, das aus dem Kopf getropft ist, verdünnen. Die Schnittlauchröllchen erst unmittelbar vor dem Servieren unterrühren. Schließlich über den noch heißen Kohlkopf verteilen, etwas ziehen lassen, aber noch warm servieren.

BROCCOLICREMESUPPE

Damit haben wir noch jeden überzeugt, der behauptete, er möge keinen Broccoli. Erstens sieht diese leuchtend grüne, samtige Suppe bildschön aus. Und zweitens öffnet sich der Broccoligeschmack besonders fein, wenn man das Gemüse püriert.

Für 4–6 Personen:

ca. 700 g Broccoli,
Salz,
1 Zwiebel,
1–2 Knoblauchzehen,
50 g Butter,
Pfeffer,
ein Hauch Cayennepfeffer,
einige Tropfen Sojasauce,
Zitronensaft

TIPP

Blumenkohl in seiner eigenen Sauce

Genauso verfahren, wie im Rezept für die Broccolisuppe beschrieben, jedoch nur wenig Kochwasser zum Püree geben, damit eine sahnige Sauce entsteht – statt Butter kann man zum Verfeinern auch Crème fraîche oder flüssige Sahne nehmen. Mehr Würze bekommt die Sauce auch mit einem Löffel Currypaste... In die sehr gut abgeschmeckte Sauce die bissfest gekochten Röschen geben – ein umwerfendes Gemüsegericht ist entstanden!

1

3

1 Den Broccoli putzen, die Röschen abtrennen, die Stiele, wenn nötig, schälen. Zuerst die Röschen in Salzwasser bissfest kochen, sie mit einer Schaumkelle herausfischen und eiskalt abschrecken.

2 Im selben Kochwasser die Stiele weich kochen, dabei auch die grob zerschnittene Zwiebel und den Knoblauch mitkochen.

3 Das Gemüse muss jetzt so weich sein, dass es sich durch ein Sieb streichen lässt – einfacher ist es jedoch, es mit dem Pürierstab, besser aber noch im Mixer fein zu pürieren, dabei so viel Kochwasser hinzufügen, bis die richtige Suppenkonsistenz erreicht ist. Schließlich die eiskalte Butter untermixen, damit die Suppe cremig wird.

4 Mit Salz, Pfeffer, Cayenne und Sojasauce sowie einigen Tropfen Zitronensaft abschmecken. Die Broccoliröschen in dieser Suppe wieder erwärmen und in Suppentellern oder Suppentassen servieren.

5 Besonders hübsch sieht die Suppe aus, wenn man auch weiße Blumenkohlröschen darin schwimmen lässt. Natürlich kann man die gesamte Suppe ebensogut mit Blumenkohl herstellen.

Blumenkohl und Broccoli mit Hähnchenbrust auf chinesische Art

Für 4 Personen:

je 250 g Blumenkohl und Broccoli,
Salz,
400 g Hähnchenbrustfleisch,
1 EL Speisestärke,
1 TL Sesamöl,
1 EL Sojasauce,
je 1 TL gehackter Knoblauch und Ingwer,
1–2 rote und grüne Chilischoten (Schärfe nach eigenem Gusto),
2 Frühlingszwiebeln,
Pfeffer,
eine Prise Zucker

Zum Braten:

2–3 EL neutrales Öl,
1 TL Sesamöl,
1 EL Sojasauce,
2 El Sherry oder Reiswein,
2 EL Blumenkohl-Kochwasser oder Hühnerbrühe,
Koriandergrün zum Bestreuen

4

5

1 Blumenkohl und Broccoli in Röschen teilen, die Strünke schälen, dann in dünne Scheibchen schneiden. Zuerst die Strünke in kochendes Salzwasser werfen, nach einer Minute die Röschen zufügen. Nach einer weiteren Minute alles abgießen (etwas Kochwasser auffangen) und eiskalt abschrecken – damit vor allem der Broccoli seine grüne Farbe behält.

2 Das Hähnchenfleisch in gut zentimetergroße Würfel schneiden. Diese mit Stärke überpudern und gut damit vermischen, bis sie rundum davon überzogen sind. Dann Sesamöl und Sojasauce darüber träufeln, alles gut mischen und durchziehen lassen. Knoblauch und Ingwer fein würfeln, Chilis entkernen und fein hacken. Frühlingszwiebeln putzen und in schmale Ringe schneiden.

3 Schließlich den Wok stark erhitzen, erst dann das Öl hineingießen. Den Wok sofort schwenken, damit er überall von einem dünnen Ölfilm überzogen ist.

4 Die Hühnerfleischwürfel in den Wok geben, sofort mit einem Bratschäufelchen umwenden und unter Rühren braten, dabei die vorbereiteten Gewürze darüber streuen. Schließlich auch die Strünke sowie die Röschen von Blumenkohl und Broccoli. Rasch alles auf höchster Hitze mischen, mit Salz, Pfeffer und Zucker würzen.

5 Sojasauce, Sherry oder Reiswein und Kochwasser oder Brühe angießen. Auf eine tiefe Platte oder in eine flache Schüssel geben, mit Korianderblättern bestreut servieren. Dazu passt duftiger Reis!

INDISCHE BLUMENKOHLKRAPFEN

Die knusprigen Bissen sind ein hübscher Happen zum Glas Wein oder zum Aperitif. Sie sind um so angenehmer zu essen, je kleiner sie sind. Deshalb sollte man das Gemüse dafür sehr klein schneiden.

Für 4–6 Personen:

1 kleiner Blumenkohl

Ausbackteig:

200 g Mehl,
2 TL Sesamöl,
1/2 TL gemahlener Koriander,
Cayennepfeffer,
1 TL Currypulver,
Salz,
1/4 l eiskaltes Wasser

Zum Frittieren:

Butterschmalz

Joghurtdip:

1 Becher Joghurt,
Zitronensaft,
Salz,
Pfeffer,
Dill

1 Den Blumenkohl in Röschen teilen, Strünke in Streifen schneiden.

2 Die Zutaten für den Teig mit einem Schneebesen glatt rühren und eine halbe Stunde kalt stellen.

3 Die Blumenkohlröschen und Kohlstrünke in den Ausbackteig geben, gut damit vermischen, dann esslöffelweise Portionen herausfischen, in leise siedendes Schmalz geben und darin langsam golden frittieren (das dauert jeweils etwa fünf bis acht Minuten!).

4 Gründlich auf Küchenkrepp abtropfen und zusammen mit dem Joghurtdip servieren.

5 Für den Joghurtdip die Zutaten mit einem Schneebesen glatt rühren und abschmecken.

Thai-Curry mit Blumenkohl oder Broccoli und Garnelen

Für 4 Personen:

1 Dose (oder 1 Packung) Kokossahne,
1 TL Currypaste (rot, gelb oder grün – ganz nach Gusto),
2 EL Zitronensaft,
2 EL Fischsauce,
1 TL Zucker,
300 g geschälte Garnelen,
1 TL Speisestärke,
je 250 g Blumenkohl und Broccoli,
1 Stängel Zitronengras,
Koriandergrün,
Thaibasilikum

2

3

1 Kokossahne in einem Topf aufkochen, Currypaste, Zitronensaft, Fischsauce und Zucker zufügen. Etwa fünf Minuten köcheln, bis sich alles cremig verbunden hat.

2 Inzwischen die gefrorenen Garnelen in einer Schüssel mit kochendem Wasser überbrühen, nach einer Minute abgießen und mit kaltem Wasser abbrausen. Gut abtropfen lassen und abtrocknen, dann mit Stärke überpudern und einreiben.

3 Blumenkohl und Broccoli in Röschen teilen, Strünke in Scheiben schneiden. Zuerst die Strunkstücke in die Sauce geben, nach drei Minuten die Röschen zufügen. Weitere fünf Minuten köcheln, bis auch die Röschen weich gekocht sind.

5 Erst jetzt die Garnelen mit dem fein gehackten Zitronengras zufügen und alles miteinander noch fünf Minuten ziehen lassen.

6 Die Sauce noch einmal abschmecken, frische Kräuter einrühren und heiß servieren. Dazu natürlich: duftender Thai-Reis.

Blumenkohltortilla

Ein fabelhafter Imbiss, ein kleines Mittagessen, das schnell zubereitet ist. Und außerdem Resteverwertung, die niemand als solche erkennen wird. Hierfür kann man wunderbar die Strünke vom Blumenkohl nehmen, die man nicht im Thai-Curry haben wollte, oder auch das, was übrig geblieben ist.

Für 4 Personen:

ca. 300 g Blumenkohlstrünke (oder ganzer Blumenkohl),
Salz,
1 EL Zitronensaft,
4 Eier,
Pfeffer,
Muskat,
Petersilie oder Kerbel,
Butter zum Braten

2

4

1 Den Blumenkohl in Stücke schneiden und in Salzwasser, das mit Zitronensaft versetzt ist, bissfest kochen, dann abgießen und abschrecken. Mit Zitronensaft beträufeln.

2 Die Eier in einer Schüssel verquirlen, kräftig abschmecken! Den abgetropften Blumenkohl sowie die klein gehackte Petersilie untermischen.

3 In einer beschichteten Pfanne mit einem Boden von 20 Zentimeter Durchmesser die Butter erhitzen. Die Eier-Blumenkohl-Masse hineingießen und auf mittlerem Feuer sanft unter einem Deckel stocken lassen – dabei soll die Masse nicht zu heiß werden, weil sie dann unschöne Bläschen bekommt.

4 Sobald der gesamte Pfanneninhalt gestockt ist, die Tortilla wenden, um sie auch auf der anderen Seite zu bräunen.

5 Die Tortilla schmeckt mit einem Salat als Imbiss oder Mittagessen. Oder ist ein hübsches Häppchen zum Aperitif.

Gefüllter Blumenkohl auf Kartoffelpüree

Zugegeben – dieser Auflauf macht ein wenig Arbeit, aber dafür sieht das fertige Gericht umwerfend schön aus und es schmeckt garantiert jedem! Man schneidet den Gefüllten Blumenkohlkopf am besten an wie eine Torte: so sieht man sein hübsches Innenleben und die Portionen werden ganz gerecht.

Für 6 Personen:

1 Blumenkohl,
Salz, Zitronensaft

Püree:

1 kg Kartoffeln,
1/4 l Milch, 2 EL Butter,
Pfeffer, Muskat,
getrockneter Majoran

Füllung:

500 g Hackfleisch,
1 Brötchen, 2 EL Butter,
1 Zwiebel,
1 Bund Petersilie, 1 Ei,
1–2 EL Sojasauce,
Salz, Pfeffer, 1 kg Tomaten

Béchamelsauce:

1 Zwiebel, 1 EL Butter,
1 gestrichener EL Mehl,
1/4 l Milch,
1/8 l Blumenkohl-Kochwasser,
1 TL gekörnte Hühnerbrühe,
100 g geriebener Bergkäse,
Pfeffer,
Muskat,
Cayennepfeffer

1 Den Blumenkohl im Ganzen in Salzwasser, das mit Zitronensaft versetzt ist, fünf bis acht Minuten vorkochen. Die Kartoffeln weich kochen. Durch die Presse in einen Topf drücken, in dem bereits die Milch erhitzt wurde. Butter zufügen, mit Salz, Pfeffer, Muskat und zerriebenem Majoran würzen. Das Püree mit dem Holzlöffel glatt schlagen. In einer flachen, feuerfesten Form verteilen.

2 Für die Füllung das Hackfleisch in eine Schüssel füllen, das eingeweichte, gut ausgedrückte Brötchen zufügen, die in Butter gedünstete Zwiebel, fein gehackte Petersilie, das Ei und die Gewürze. Alles gut mischen und abschmecken.

3 Diese Füllung vom Strunk her zwischen die Verästelungen des Blumenkohls stopfen. Den gefüllten Kohl auf das Püreebett setzen. Übrig gebliebene Füllung zu Bällchen formen und rund um den Blumenkohl anordnen.

4 Tomaten häuten, halbieren, entkernen und über die Fleischbällchen rund um den Blumenkohl setzen.

5 Die Form für insgesamt 45 Minuten in den 200 Grad vorgeheizten Backofen schieben. Erst nach einer halben Stunde die Sauce über den Blumenkohl gießen.

6 Für die Béchamelsauce die Zwiebel fein würfeln, in der heißen Butter andünsten, mit Mehl bestäuben und durchschwitzen. Milch und Blumenkohl-Kochwasser angießen. Die Gewürze zufügen. Etwa 20 Minuten köcheln, bis die Sauce schön dick und cremig ist. Den Käse unterrühren und darin schmelzen. Die Sauce kräftig abschmecken.

7 Den überbackenen Blumenkohl direkt in der Form zu Tisch bringen. Dazu passt eine große Schüssel mit grünem Salat!

Überbackener Blumenkohl

Ein Auflauf in den italienischen Landesfarben: weiß der Blumenkohl, grün der Broccoli und rot die Tomaten. Er sieht so köstlich aus, wie er schmeckt. Ein leichtes schnelles Sommeressen!

Für 4–6 Personen:

1 schöner großer Blumenkohl
500 g Broccoli,
Salz,
500 g vollreife Tomaten (möglichst Eiertomaten mit mürbem, festem Fleisch),
60 g Butter,
1 große Zwiebel,
100 g gekochter Schinken (Reste, Abschnitte),
200 g süße Sahne,
1 gehäufter TL Speisestärke,
weißer Pfeffer,
Muskatnuss und Cayennepfeffer,
50 g geriebener Emmentaler,
1 gehäufter EL frisch geriebener Parmigiano Reggiano (also echter Parmesan)

1 Blumenkohl und Broccoli putzen, in Röschen zerteilen und nacheinander in sprudelnd kochendem Salzwasser blanchieren. (Den Blumenkohl, damit er schön hell bleibt, zuerst!) Danach sogleich in Eiswasser abschrecken. Gut abtropfen lassen. Tomaten auf einer Schaumkelle ins kochende Broccoliwasser tauchen, dann abkühlen, häuten, vierteln und entkernen.

2 Die Hälfte der Butter zerlassen und die gehackte Zwiebel darin glasig dünsten. Klein geschnittenen Schinken zugeben. Sahne und Speisestärke verquirlen und zugießen. Aufkochen lassen und würzig abschmecken.

3 Eine flache, feuerfeste Form mit Butter ausstreichen. Blumenkohl, Broccoli und Tomaten darin hübsch anordnen. Alles mit der Sauce übergießen, mit Käse bestreuen und schließlich die restliche Butter in kleinen Flöckchen darauf verteilen. Bei 220 Grad gute 20 Minuten lang backen.

4 Dazu passen Pellkartoffeln oder einfach nur Brot, außerdem ein erfrischender Salat, Wein wie auch Bier!

Broccoli mit Parmesan

So ist Broccoli eine hübsche Vorspeise, aber auch eine wunderbare Beilage, zum Beispiel zum kurzgebratenen Fleisch – Schnitzel oder Kotelett – oder auch zum gebratenen Hähnchen.

Für 4 Personen:

ca. 600 g Broccoli
Salz
3–4 EL Olivenöl
100 g frisch geriebener Parmesan
etwas Zitronenschale

1 Den Broccoli in Röschen teilen, die Stiele, wenn nötig, schälen und schräg in Scheiben schneiden. In siedendem Salzwasser bissfest kochen. Abgießen und in einer Servierschüssel verteilen. Mit Öl beträufeln und schließlich mit Parmesan bestreuen. Mit einem Hauch frisch geriebener Zitronenschale würzen.

2 Sofort zu Tisch bringen. Der Käse sollte auf dem heißen Broccoli gerade eben zu schmelzen beginnen.

TIPP

Selbstverständlich lässt sich dasselbe auch mit Blumenkohl, mit Rumescu oder auch einer Mischung aus diesen drei Kohlsorten zubereiten.

Blumenkohltarte

Ein fabelhafter Happen zum Glas Wein, der nicht nur Vegetariern Freude macht. Auf dem dünnen Mürbteigboden schmeckt der Blumenkohl in seiner sahnigen Eiercreme besonders köstlich. Wichtig ist nur: kräftig abschmecken, damit die Sache nicht zu blass bleibt!

Für eine Tarteform:

250 g Mehl,
100 g Butter,
Salz,
1 Eigelb,
Butter für die Form

Belag:

1 Blumenkohlkopf,
Salz,
Zitronensaft,
4 Eier,
1 Becher saure Sahne,
Pfeffer,
Cayennepfeffer,
Worcestershiresauce,
1 Bund Petersilie oder Kerbel

1 Aus den angegebenen Zutaten einen Mürbteig kneten, ihn zu einer Kugel geformt und in Folie gehüllt eine halbe Stunde ruhen lassen. Dann ausrollen und eine mit Butter ausgefettete Form (26 cm ø) damit auskleiden. Noch einmal kalt stellen, bis die übrigen Vorbereitungen erledigt sind.

2 Den Blumenkohl in kleine Röschen teilen, die Stiele ebenfalls fein schneiden. Beides in gesalzenem Wasser bissfest kochen, dann eiskalt abschrecken und mit Zitronensaft mischen.

3 Die Eier mit der sauren Sahne verquirlen, mit Salz, Pfeffer, Cayennepfeffer und Worcestershiresauce kräftig abschmecken. Die fein gehackte Petersilie oder den Kerbel zusammen mit dem Blumenkohl einrühren. Diese Masse auf dem Teigboden verteilen.

4 Im 220 Grad vorgeheizten Backofen auf der untersten Schiene etwa 50 Minuten backen, bis der Boden schön braun, der Belag jedoch gestockt und fest geworden ist.

TIPP

Würziger und gehaltvoller wird die Tarte, wenn man reichlich geriebenen Käse in die Eiermasse rührt. Zusammen mit einem Salat ist die Tarte dann ein hübscher Mittagsimbiss.

HERBST

Herbst

Wenn die Abende länger werden, nimmt man sich fürs Kochen wieder gerne mehr Zeit. Dann hat man Muße, neue Rezepte auszuprobieren oder mit ungewöhnlichen Zutaten zu experimentieren. Mit seltenen, kostbaren Essigen zum Beispiel, die mehr sind als nur sauer. Vielleicht wollen Sie eine neue Küchendimension kennenlernen: Chilischärfe. Oder Sie verführen Ihre Freunde zu einer kulinarischen Reise nach Wien …

Aceto balsamico und andere edle Essige

Sauer allein genügt nicht!

Sauer macht lustig! Dieses Kapitel soll wohl die Probe aufs Exempel statuieren? Nein, wir wollen vielmehr zeigen: Sauer allein genügt nicht! Wir wollen Sie mit ganz besonderen Essigen bekannt machen. Mit Essigen, die man nicht bloß zum Säuern, sondern, weil sie viel komplexer und vielschichtiger als üblich sind, zum Würzen verwendet.

Vielleicht haben Sie ja schon mal in Italien zum Aperitif Grissini serviert bekommen, die nicht nur mit dünnen Schinkenscheiben umwickelt waren, sondern zusätzlich mit ein paar Tropfen von einer würzigen, fast schwarzen, duftenden Flüssigkeit beträufelt. Oder man hat Ihnen Crostini serviert, die mit gehacktem, würzigem Speck belegt waren und ebenfalls mit jener dunklen, aromatischen Flüssigkeit gewürzt. Das war eine erlesene Delikatesse – der legendäre, kostbare *Aceto balsamico tradizionale*!

Was soll das, werden Sie jetzt fragen. Aceto balsamico habe ich doch erst kürzlich im Supermarkt gekauft, die Halbliterflasche für neun Mark. Das ist zwar mehr, als man üblicherweise für Essig auf den Ladentisch legen muss, aber das Wort kostbar ist vielleicht ein wenig hoch dafür gegriffen? Des Rätsels Lösung ist einfach und sehr italienisch: Es gibt in der Heimat des Aceto balsamico, in Modena, einer Stadt in der norditalienischen Emilia, nicht etwa nur eine, sondern gleich vier Konsortien, die über die korrekte Herstellung von Aceto balsamico wachen. Und es gibt seit etwa 20 Jahren ein kleines Wörtchen, das die absolute Spitzenqualität definiert: das Beiwort *tradizionale*. Allerdings nehmen gleich zwei Verbände in Modena dieses Wort für sich in Anspruch: Der eine, ganz fanatisch, will nur den in kleinen Mengen produzierten, mindestens 12 Jahre alten Aceto balsamico gelten lassen und bekämpft die Herstellung eines billigeren, industriell erzeugten Aceto balsamico vehement. Es sind dies die privaten *Acetosi*, die ihren Balsamico schon seit alters her ausschließlich für sich selbst erzeugen – nicht, um ihn zu verkaufen, sondern ihn höchstens ihren besten Freunden oder ihrem Arzt zu schenken. In und um Modena pflegen 800 bis 1000 Familien eine solche so genannte *Acetaia*. Im Allgemeinen umfasst sie sechs bis acht Fässer; manchmal sind sie jahrhundertealt, denn jede Modeneser Familie, die auf sich hält, hat sich – wie die einstigen Landesherren selbst, die Herzöge d'Este – schon immer der Herstellung von Balsamico gewidmet.

Die Acetaia unterstand traditionell den Frauen, die ihr spezielles Verfahren samt Fässern und Inhalt stets testamentarisch an Töchter und Schwiegertöchter vererbten. Einst waren sie wertvollster Teil der Mitgift. Und wenn etwas verkauft wurde, dann war es der Hausfrau Nadelgeld. Heute kümmern sich mehr die Männer darum – es ist ihr ganzer Stolz, mit einem vom Konsortium prämierten Aceto Balsamico tradizionale zu renommieren.

Ein zweiter Verband ist zwar mit der Regelung des *Tradizionale* einverstanden, lässt aber auch den industriellen Balsamico gelten. Der dritte Verband kümmert sich ausschließlich um den industriell erzeugten *Balsamico di Modena*. Der vierte Verband schließlich betrifft den *Aceto balsamico tradizionale di Reggio Emilia*, also den Balsamico, der aus der einzigen Region stammt, die außer Modena den kostbaren Balsamico erzeugen darf.

Kommt ein vergleichbares Produkt aus anderen Regionen Italiens, darf es den Begriff *Aceto balsamico* nicht führen, muss sich *Salsa di Mosto* oder ähnlich nennen.

Wenn über Aceto balsamico geschrieben wird, dann eigentlich immer und nahezu ausschließlich über den *tradizionale*. Obwohl von diesem pro Jahr in Modena nicht mehr als etwa 3000 kleine Flaschen (0,1 Liter) abgefüllt werden. Man kann sich also ausrechnen, wie wenig Menschen in den Genuss dieser Rarität kommen können, und dass sie eine erkleckliche Summe dafür berappen müssen... Dem gegenüber stehen die etwa 12 Millionen Liter einfacher Aceto balsamico di Modena, die in der Region heute produziert werden, damit die rasant gewachsene Nachfrage der ganzen Welt befriedigt werden kann. Die beiden Produkte sind vom Herstellungsverfahren und von der Qualität her höchst unterschiedlich, und man kann sie absolut nicht miteinander vergleichen. Aber die Essigindustrie tut natürlich nichts, um über den wahren Sachverhalt aufzuklären... Sie freut sich vielmehr und fördert die Tatsache, dass das gemeine Produkt vom Ruhm des edlen Balsam profitiert! Aber natürlich darf man den einfachen Balsamico nicht mit dem Tradizionale verwechseln – schließlich glaubt niemand in einem Fiat 500, dass er in einem Rolls-Royce sitzt, auch wenn beides Autos sind.

Die drei grundverschiedenen Arten des Aceto balsamico

1. Aceto balsamico di Modena *industriale* – letzteres, nur allzu profan klingende Wort erscheint natürlich nirgendwo auf dem Etikett: Er wird gemischt aus eingekochtem Traubenmost und reinem Weinessig und darf nur in einer genau abgegrenzten Zone um Modena hergestellt werden. Gewürze (Zimt oder Lakritze) und Zuckercouleur (Karamell) sind zur Abrundung erlaubt. Ein Alterungsprozess in Holzfässern ist nicht vorgeschrieben – manche Firmen lassen ihre besseren Qualitäten aber ein oder zwei Jahre in Holzfässern reifen, andere legen den Essig für kurze Zeit in mit Spänen von verschiedenen Hölzern gefüllte Tanks, um ihn mit deren Aromen anzureichern.

2. Aceto balsamico di Modena *artigianale* ist handwerklich erzeugt, was nirgendwo auf dem Etikett angegeben ist. Er wird in der gleichen abgegrenzten Zone um Modena aus eingekochtem Traubenmost der Weißweinsorte Trebbiano di Spagna und reinem Weinessig zusammengestellt. Anschließend lagert er in Fässern aus verschiedenen Hölzern, wird immer wieder mit reduziertem Traubenmost aufgefüllt und erst verkauft, wenn er mindestens drei, besser sechs Jahre alt ist. Man kann ihn in der Jugend mit Karamell abrunden. Im Alter von wenigstens 12 Jahren wird er, sozusagen automatisch, zum

3. Aceto balsamico *tradizionale*, der schon erwähnten, einzigen echten Balsamico-Variante. Für die Herstellung braucht man spezielle Fässer. Ohne eine solche so genannte Fassbatterie von verschiedenen Fässern unterschiedlicher Größe und aus unterschiedlichen Hölzern geht es nicht. Fast 3000 Mark muss man für die wenigstens fünf edelstahlbereiften Fässer anlegen: Das mit 50 Litern größte ist aus Kirschholz, schimmert warmtönig und rotbraun. Ihm folgt mit 40 Litern das gelblich leuchtende Kastanienfass, dann in verhaltenem Braun ein 30 Liter fassendes, kräftig marmoriertes Fass aus Robinienholz (Scheinakazie). Zart, weißlich-seidig glänzt die Esche, die 24 Liter umfängt, mit 20 Litern beschließt als kleinstes das Eichenfass die Serie.

Diese Hölzer und die Abfolge in der Fassgröße empfiehlt die Firma Renzi in Modena, sie stellt außerdem Fässer aus Apfel- und Birnenholz her, aus dem seltenen Holz des Maulbeerbaums und aus dem immer wieder ehrfurchtsvoll erwähnten Wacholder, der extrem selten und daher teuer ist, weil kaum ein Wacholdergehölz so alt wird, dass man Fassdauben daraus anfertigen kann. Der Balsamico bekommt in Wacholderholz einen medizinisch-strengen Geschmack, deshalb darf man ihn nur tropfenweise aus der Pipette an mehrere Liter anderer Provenienzen träufeln.

Und so wird der Balsamico angesetzt

Zuerst müssen die neuen Fässer mit reinem Essig und viel Salz gründlich ausgewaschen und mehrmals kräftig durchgeschwenkt werden, danach mit reinem Essig ausgespült, erneut mit Essig zu einem Viertel gefüllt und einige Tage lang öfter hin und her gerollt werden, um das Holz damit zu durchtränken. Erst dann füllt man die Fässer jeweils zu drei Vierteln mit einem Gemisch aus eingekochtem Trebbianomost und möglichst altem, reinem Weinessig.

In Modena kann man den Most schon fertig konzentriert kaufen. Die Fässer lagern anschließend nicht im Keller, sondern kommen auf den Dachboden, wo ständig ein leichter Luftzug weht: Im Winter muss das Gemisch möglichst kalt lagern, damit die Bakterien zur Ruhe kommen. Im Sommer soll es hingegen über 50 Grad heiß werden, damit sie mit Macht arbeiten. Im Laufe des Jahres verdunsten dabei zu Anfang bis zu 10 Prozent der Menge, sie ist verloren (in Jerez nennt man dies den »Anteil der Engel«), später, wenn der Essig konzentrierter und dickflüssiger ist, reduziert sich der Verlust auf 3 bis 5 Prozent.

Der Balsamico gewinnt Charakter und Dichte: Ein- bis zweimal im Jahr muss das, was im kleinsten Fass verdunstet ist, aus dem nächstgrößeren aufgefüllt werden, dieses wiederum aus dem größeren von nebenan und so fort. Das größte Fass wird wiederum mit eingekochtem Most ergänzt.

Es ist dies nichts anderes als das klassische, aus Jerez bekannte Solera-Verfahren, das man für die Herstellung eines immer gleichbleibenden Sherry-Typs entwickelt hat und heute noch pflegt. Auf diese Weise reichert sich in den kleineren Fässern der Aceto balsamico mit all den Aromen der vorhergehenden an und wird immer dichter.

Nach sechs Jahren darf man dem kleinsten Fass erstmals zwei Liter für den Verbrauch entnehmen. Es muss dann diese Menge zusätzlich aus den vorhergehenden Fässern aufgefüllt werden. Aber erst nach 12 Jahren kann man den ersten richtigen Aceto balsamico tradizionale »ernten«.

Die anderen edlen Essige

Der feine Sherryessig wird ganz genauso hergestellt, mit dem Unterschied, dass man ihn nur selten so lange reifen und altern lässt, wie seinen italienischen Bruder. Trotzdem gilt natürlich auch für Sherryessig, dass er, je älter, umso kostbarer und kostspieliger ist. Bei Tivona in Köln (siehe Bezugsquellen Seite 202) kann man Sherryessig beziehen, der mehr als 75 Jahre alt, ist mit 98 Mark für einen halben Liter erstaunlich preisgünstig.

Der kulinarische Effekt feiner Essige

Zunächst einmal erzielt man mit diesem Hauch von Essig eine physiologisch angenehme Wirkung: Durch Säure wird das Fett bekömmlicher, wer also Speck und Schinken mit Speckschicht oder auch einfach fettes Fleisch liebt, sollte stets mit Essig würzen, das macht beides verträglicher. Die Säure hilft, Fett aufzuspalten, der Körper kann es besser verdauen. In kulinarischer Hinsicht ist die Wirkung verblüffend, denn diese feinen Essige bringen ja keineswegs nur Säure, sondern liefern eine ganze Vielfalt von Aromen, die den Gerichten eine neue Dimension verleihen.

Die Essigvielfalt

Es gibt mittlerweile eine unglaubliche Vielfalt der unterschiedlichsten Essige. Nicht nur aus Weinen aus den verschiedenen Anbaugebieten, sondern auch aus Obstsäften oder -weinen der unterschiedlichsten Art.

Essig ist ein Kultgewürz geworden, es beschäftigen sich mittlerweile eine ganze Reihe von handwerklich arbeitenden Betrieben damit. Es gibt feine Obstessige, nicht nur aus Apfel- oder aus Birnensaft, auch Spezialessige aus dem Saft von Pfirsichen, Aprikosen, Sauerkirschen, Beerenfrüchten wie Erd-, Heidel-, Him- oder Brombeeren.

Wohlgemerkt:

Wir meinen hier nicht etwa Wein- oder Branntweinessig, der mit diesen Früchten aromatisiert wurde, sondern den Saft aus diesem Obst, der vergoren und dann in Essig umgewandelt wurde. Diese aromatisierten Essige gibt es in großer Vielfalt, und sie sind erheblich billiger als Spezialessige. Allerdings im Aroma nicht zu vergleichen!

Weiterhin findet man edle Essige aus sortenreinen Weinen, auch aus Weinen höchster Qualitätsstufen wie Auslese oder Beerenauslese. Ein Winzer in der Pfalz (Doktorenhof, Adresse S. 202) verarbeitet inzwischen seine gesamte Weinernte zu Essigen der allerfeinsten Art. Natürlich muss stets schon das Ausgangsprodukt erstklassig sein: ein guter Saft oder ein vorzüglicher Wein. Aus Saft muss zunächst mit Hilfe von Hefen Wein werden, aus dem Fruchtzucker Alkohol entstehen. Der Wein wird mit Essigbakterien (Essigmutter) versetzt, um den Alkohol in Essigsäure umzuwandeln. Man kann allerdings auch die alkoholische Gärung und die Umwandlung in Essig gleichzeitig führen, was einiges Können verlangt, aber besonders aromatische Ergebnisse zeitigt.

Für die Reifung und Aromabildung werden sie in Holzfässer, in Glasballone oder in Edelstahlbotticheg efüllt, wo sie für ihre Entwicklung viel Zeit brauchen. Dabei ist Luftkontakt wichtig, zudem die Möglichkeit, Wasser zu verdunsten, damit sich alles konzentrieren kann.

Vorspeisenteller – mit Balsamico veredelt

Einen solchen Teller mit gemischten Vorspeisen kennt man aus der italienischen Küche. Dazu passen auch eingelegte Oliven, marinierte Gemüse und luftgetrocknete Würste und Schinken in hauchdünnen Scheiben – erfordert keinen großen Aufwand und jeder mag es gern.

1 Grissini mit Parmaschinken und Balsamico
Grissini an ihrem oberen Drittel mit hauchdünn geschnittenem Schinken umwickeln und auf einer Vorspeisenplatte anrichten. Mit Balsamico beträufeln.

2 Crostini mit Speck
Durchwachsenen Bauchspeck in hauchdünnen Scheiben sehr fein würfeln. Mit fein gehackter Petersilie mischen, dabei mit grobem Pfeffer (geschrotet oder aus der grob eingestellten Mühle) würzen. Auf geröstete Baguette- oder Italienerbrotscheiben häufen und gut fest drücken – diese nach Belieben zuvor mit Knoblauch abreiben. Vor dem Servieren mit Balsamico beträufeln oder mit Essig besprühen.

3 Parmesan mit Balsamico
Guten Parmesan (Parmigiano Reggiano) in Stücke brechen, auf der Vorspeisenplatte anrichten und vorsichtig mit Balsamico beträufeln.

ENTENBRUST MIT GLASIERTEN ÄPFELN

Ein elegantes Essen, das nicht viel Mühe macht, immer gelingt und ganz köstlich schmeckt!

Für 4 Personen:

2–4 ausgelöste Entenbrüste (je nachdem, ob man die kleineren Brüste einer weiblichen Ente oder die fast doppelt so großen der männlichen Ente zur Verfügung hat),
2 EL Zitronensaft,
Salz,
Pfeffer,
3–4 säuerliche Äpfel,
4 EL Butter,
1–2 TL Aceto balsamico,
Thymian,
2–3 EL Öl,
1 Glas Weißwein,
1 Bund Rucolablätter

1 Die Entenbrust auf der Hautseite mit einem scharfen Messer mit sehr eng nebeneinander gesetzten Schnitten zuerst längs, dann quer dazu einritzen. Die Fleisch- wie die Hautseite mit Zitronensaft, Salz und Pfeffer einreiben und marinieren.

2 Die Äpfel schälen, achteln und vom Kerngehäuse befreien. Die Schnitze sofort in Zitronensaft wenden, damit sie schön hell bleiben, dann in zwei Esslöffel Butter sanft 8–10 Minuten zugedeckt dünsten. Die Apfelschnitze sollen in Form bleiben. Mit einigen Tropfen Balsamico, Pfeffer und Thymianblättchen würzen.

3 Die Entenbrust in einer Pfanne im heißen Öl zuerst 2 Minuten auf der Hautseite, dann etwa 3 Minuten auf der Fleischseite braten. Schließlich wieder auf die Hautseite drehen, weitere 5 Minuten sanft bräteln, damit die Haut schön golden und richtig knusprig wird.

4 Die Brust aus der Pfanne heben, auf einem Schneidebrett mit Alufolie zugedeckt ruhen lassen. Unterdessen den Bratfond mit dem Wein loskochen. Die Butter mit dem Schneebesen einarbeiten; diese cremige Sauce mit Salz, Pfeffer und vor allem mit Balsamico abschmecken.

5 Das Fleisch zum Servieren schräg in dünne Scheiben aufschneiden, zusammen mit den karamellisierten Äpfeln auf einem Bett von Rucolablättern auf Tellern anrichten.

Süsssaures Kaninchenragout

Eine Art Grundrezept – übrigens auch gut für Geflügel geeignet, eigentlich für jede Art von hellem Fleisch, das es ja stets gut verträgt, mit intensiveren Gewürzen zusammenzukommen. Man kann die süßsaure Note mit feinstem Balsamico erzielen, aber auch mit jedem anderen edlen Essig – mit einem feinen Apfelessig beispielsweise – dann würde man als Schmorflüssigkeit einen

Für 4 Personen:

1 Kaninchen (ca. 1500 g),
Zitronensaft,
Salz,
Pfeffer,
2–3 EL Olivenöl,
4 Knoblauchzehen,
3–4 junge Zwiebeln,
3–4 Thymianzweige,
ca. 1/4 l Weißwein (oder Apfelwein, Sherry – ganz nach Belieben),
1–2 EL aromatischer Essig

1

2

1 Das Kaninchen wird, wenn nötig, in Stücke geteilt – wenn man den Metzger nett bittet, macht er das vielleicht; in der Fleischtheke des Supermarkts ist es sogar meist in Portionsstücke zerlegt. Ansonsten ist es nicht weiter schwierig: Man löst die Keulen aus, teilt sie in Ober- und Unterschenkel, trennt die Vorderläufe ab. Schneidet dann mit einem großen Messer den Rücken quer zum Knochen in drei bis vier Portionsstücke – es sei denn, man greift unsere Idee auf und beschränkt sich nur auf die Keulen und Läufe und nimmt den Rücken für das nächste Rezept. Denn der muss ja ohnehin früher aus dem Topf, weil er so empfindlich ist und so schnell trocken wird.

2 Die Kaninchenstücke werden mit Zitronensaft und Salz eingerieben: ein Trick, den wir in Spanien kennengelernt haben, der gut für jede Art von hellem Fleisch ist – es bekommt dadurch eine festere Konsistenz und angenehme Frische. Dann die Stücke in heißem Öl anbraten. Schön langsam rundum golden rösten, aber dies bitte nicht auf zu starkem Feuer tun, damit das Fleisch sich langsam golden färben kann.

Apfelwein verwenden –, mit feinem Sherry-Essig (in diesem Fall wird man natürlich einen Sherry zum Schmoren nehmen) oder einen anderen aromatischen Essig aus Weiß- oder Rotwein. Als Faustregel gilt stets: Mit dem Ausgangsprodukt des Essigs das angebratene Fleisch angießen und garen, und zum Schluss mit dem dazu passenden Essig die entsprechende Abrundung geben.

3

4

5

3 Knoblauch und Zwiebeln – jeweils gewürfelt – und die Thymianzweige kommen hinzu. Wenn alles gut durchgeschmurgelt ist, Apfelwein, Weißwein oder Sherry angießen und das Fleisch zugedeckt langsam weich schmoren – das dauert etwa eine knappe Stunde.

4 Zum Schluss mit einem feinen, passenden Essig abschmecken – fertig ist ein wohlschmeckendes Essen, das nun wirklich kaum Mühe gemacht hat!

5 Dazu braucht man nicht mehr als krumiges Weißbrot, mit dem man auch die Sauce gut aufwischen kann. Wer mehr als Beilage wünscht, serviert dazu ein duftiges, sahniges Kartoffelpüree.

TIPP

Kaninchen gibt's inzwischen selbst im gut sortierten Supermarkt, sogar manchmal frisch in der Fleischtheke, meist aber doch tiefgekühlt – trotzdem kann man ruhig zugreifen: Kaninchen werden noch nicht in Massenhaltung gezogen und haben stets ein zartes, sehr bekömmliches Fleisch.

Kaninchenrücken auf weissen Bohnen

Wer den Kaninchenrücken einfach unzerteilt mit den Keulen wie im vorherigen Rezept mitgeschmurgelt hat, nimmt ihn bereits nach einer knappen halben Stunde aus dem Topf. Jetzt lässt sich das Fleisch leicht vom Knochen lösen und ist noch saftig und zart. Einen einzeln gekauften Kaninchenrücken muss man zuerst braten.

Für 2 Personen:

150–200 g weiße Bohnenkerne,
Salz,
3 Knoblauchzehen,
1–2 Chilischoten,
4 Salbeiblätter,
3 mittelgroße frisch gekochte Kartoffeln,
2 Frühlingszwiebeln,
1 Hand voll gemischte Kräuter: Kresse, Basilikum, Kerbel

Außerdem:

1 Kaninchenrücken (ca. 800 g),
Salz,
Pfeffer,
Zitronensaft,
Olivenöl,
2 Knoblauchzehen,
Thymianzweige

Marinade:

2 EL guter Weinessig,
1 EL Aceto balsamico,
Salz, Pfeffer,
3–4 EL erstklassiges Salatöl

2

4

1 Zuerst müssen die weißen Bohnen gekocht werden. Mit Knoblauch, Chili und Salbei im Kochwasser kann man ihnen zusätzliches Aroma geben.

2 Den Kaninchenrücken mit Salz, Pfeffer und Zitronensaft einreiben. Im heißen Olivenöl zuerst rundum kräftig anbraten, dann den zerdrückten Knoblauch und die Thymianzweige zufügen. Auf ganz kleiner Hitze sanft ziehen lassen, insgesamt etwa 20 bis 30 Minuten, dabei immer wieder wenden, damit er gleichmäßig gar ziehen kann.

3 Das Fleisch noch etwa eine Viertelstunde auf einem Brett zugedeckt ruhen lassen, bevor man es vom Knochen löst.

4 Inzwischen die abgetropften Bohnenkerne in eine Salatschüssel geben. Die frisch gekochten Kartoffeln pellen und in Scheiben geschnitten zufügen, ebenso die in Ringe gehobelten Zwiebeln, die nur grob gehackten oder sogar nur zerzupften Kräuter.

5 Die Zutaten für die Marinade aufschlagen, über den Salat gießen, alles mischen und auf Tellern anrichten.

6 Das Kaninchenfleisch schräg in Scheiben schneiden und auf dem Salat anrichten.

7 Schließlich die restliche Marinade behutsam darüber träufeln – voilà: ein feines Gericht, das auch den verwöhnten Feinschmecker beeindruckt!

Dessert: Vanille-Eis mit Balsamico

Essig zum Dessert? Klingt schräg, ist aber umwerfend gut! Man könnte die karamellsierten Äpfel (siehe S. 115) statt mit Thymian und Pfeffer mit Honig oder Zucker zubereiten – und hätte ein süßwürziges »Kompott«. Aber die simpelste Sache ist: Ein paar edle Balsamico-Tropfen über Vanille-Eis!

Für 4–6 Personen:

200 g Milch,
200 g Sahne,
2–3 EL Zucker oder geschmacksneutraler Honig (z.B. Kleehonig),
1 Tütchen Vanillezucker oder 1 Vanillestange,
5 Eigelb

1 Milch und Sahne aufkochen, mit Zucker oder Honig süßen und mit Vanillezucker würzen. Man kann natürlich auch eine Vanilleschote in der heißen Milch 10 Minuten ziehen lassen, das Mark schließlich aus der aufgeschlitzten Stange herauskratzen und in die Milch rühren!

2 Sobald der Zucker beziehungsweise Honig aufgelöst ist, die Eigelb in die heiße Sahnemilch einrühren. Dabei heftig mit dem Schneebesen schlagen, damit die Eigelb in der heißen Masse nicht gerinnen. Abkühlen lassen und schließlich in der Eismaschine gefrieren.

3 Zum Servieren das Eis mit einem Eiskugelausstecher formen und in Desserschalen oder -gläsern anrichten und mit einigen Tropfen Balsamico beträufeln, nach Belieben mit einem Minze- oder Melisseblättchen dekorieren.

TIPP

Vanille-Eis kann man natürlich fertig kaufen, aber selbst gemacht schmeckt es natürlich noch mal so gut, vor allem weiß man dann, was drin ist! Wer keine Eismaschine hat, füllt die Masse in eine Metallschüssel und muss sie während des Gefrierens immer wieder mit dem Schneebesen aufschlagen, damit keine Eiskristalle entstehen.

Frischer Ziegenkäse mit Nüssen

Für 4 Personen:

2 Radicchiokolben,
3 getrocknete Feigen,
50 g Walnüsse,
8 kleine , junge Ziegenkäse (Caprino),
1–2 TL Aceto balsamico,
2–3 EL Olivenöl extra vergine,
Salz,
Pfeffer

1 Für diese Vorspeise verwenden wir vorzugsweise den schönen bitteren und länglichen Radicchio aus Verona. Radicchio waschen und mit den länglichen Blättern eine Platte dekorativ auslegen.

2 Stiele an den Feigen entfernen, dann getrocknete Früchte und Walnüsse getrennt hacken. Das Hack gründlich vermischen.

3 Die kleinen Ziegenkäse in dem Walnuss-Feigen-Hack wälzen und auf das Radicchiobett setzen.

4 Nun den Radicchio mit Balsamico und Olivenöl beträufeln, salzen und mit Pfeffer aus der Mühle würzen. Aceto balsamico und Olivenöl bereitstellen, damit sich jeder bei Tisch nach Belieben bedienen kann.

TIPP

Dazu passt ein leichter Rotwein aus Italien (Bardolino), ein milder Weißwein (Lungana) oder ein frischer Rosé vom Kaiserstuhl (Weißherbst).

Carpaccio mit Balsamessig

Für 4 Personen:

400 g Rinderlende,
4 EL EL Olivenöl extra vergine,
Pfeffer,
80 g Parmesan,
1–2 EL Aceto balsamico

1 Rinderlende sorgfältig von Sehnen und Häuten befreien und gut in Klarsichtfolie wickeln. Dabei dem Fleisch eine gleichmäßige Form geben, damit die Scheiben später akkurat aussehen.

2 So vorbereitet kurz anfrieren lassen, dann lässt sich die Lende auf der Aufschnittmaschine besonders dünn aufschneiden.

3 Erst kurz vor dem Servieren aufschneiden und Anrichten: Dafür einen Teller mit Olivenöl einpinseln und darauf die Scheiben einander dekorativ überlappen lassen.

4 Mit Pfeffer und dünn gehobeltem Parmesan bestreuen und sparsam mit erstklassigem Balsamico beträufeln.

Risotto mit Balsamico

Für 4 Personen:

1 Zwiebel,
2 EL Butter zum Dünsten,
1 Rosmarinzweig,
200 g Risottoreis (z.B. Carnaroli aus Italien oder Bomba aus Spanien),
1 Glas Rotwein,
ca. 1 l heiße Gemüsebrühe,
50 g Parmesan,
50 g Butter,
2 TL Aceto balsamico

1 Die Zwiebel fein würfeln und in einem passenden Topf in der heißen Butter mitsamt dem Rosmarin andünsten. Den Reis hinzuschütten, gut andünsten, bevor mit dem Rotwein aufgefüllt wird. Köcheln, bis nahezu alle Flüssigkeit verdampft ist.

2 Schließlich nach und nach, schöpfkellenweise, die heiße Brühe angießen. Dabei den Reis ständig leise am Kochen halten. Nach etwa 20 Minuten müsste der Reis gerade richtig sein: weich, aber mit einem kleinen Biss im Kern.

3 Erst jetzt Käse und Butter einrühren und ganz zum Schluss den kostbaren Balsamico. Sofort servieren, auf keinen Fall mehr stehen lassen.

Pellkartoffeln mit Balsamico-Würze

Für 4 Personen:

800 g kleine Kartoffeln,
1 Bund glatte Petersilie,
1–2 junge weiße Zwiebeln oder Frühlingszwiebeln,
2–3 frische (junge!) Knoblauchzehen,
Salz,
Pfeffer,
2–3 EL erstklassiges Olivenöl,
1–2 TL Aceto balsamico

1 Die Kartoffeln gar kochen, noch heiß pellen und in einer Schüssel mit folgender Marinade mischen:

2 Petersilie fein hacken, Zwiebeln in feine Ringe schneiden, Knoblauch in Scheibchen hobeln oder ebenfalls winzig würfeln. Mit Salz, Pfeffer, Olivenöl und Balsamicoessig mischen.

3 Die Kartoffeln unzerteilt, wenn sie wirklich klein sind, oder halbiert mit dieser Sauce mischen und heiß servieren, zum Beispiel zum Steak oder zum pochierten Fisch.

Spaghetti mit Balsamico

Für 2 Personen:

2 weiße Zwiebeln,
2 EL Olivenöl,
einige Salbeiblätter,
Salz,
Pfeffer,
200 g Spaghetti,
1 Tasse frische Tomatenwürfel,
1–2 TL Aceto balsamico,
2 EL ganz frischer Parmesan

1 Die Zwiebeln in Ringe hobeln. Im heißen Öl anbraten, dabei die zerzupften Salbeiblätter mitbraten, salzen und pfeffern.

2 Inzwischen die Spaghetti bissfest kochen, mit den Zwiebeln mischen, dabei die Tomatenwürfel zufügen – sie sollen höchstens warm werden, aber noch roh bleiben.

3 Erst jetzt den Balsamico darüber träufeln und mit Parmesan bestreuen.

4 Gut mischen und sofort servieren.

Spaghetti mit Walnusssauce und Balsamico-Duft

Für 4 Personen:

400 g Spaghetti,
100 g Walnusskerne,
50 g Pinienkerne,
jeweils 2 EL frisch geriebener Parmesan und Pecorino,
50 g Butter,
1 Knoblauchzehe,
eine Hand voll Basilikumblätter,
0,1 l süße Sahne,
4 EL Olivenöl,
Salz,
Pfeffer,
2 TL Aceto balsamico

1 Spaghetti in reichlich gesalzenem Wasser al dente garen.

2 Alle Saucenzutaten zu einer cremigen Masse mixen, dabei das Öl erst zufügen, wenn sich alles bereits gut miteinander verbunden hat.

3 Unmittelbar vor dem Servieren einen Schuss kochend heißes Nudelwasser zufügen und erneut durchmixen.

4 Die heißen Spaghetti damit behutsam mischen und sofort servieren.

Spaghetti mit Schinken, Erbsen und Balsamico

Für 4 Personen:

4 Frühlingszwiebeln,
4 EL Butter,
100 g gekochter Schinken in 3 mm dicken Scheiben,
150 g tiefgekühlte feine Erbsen,
je 1/2 Glas trockener Weißwein und Kalbsfond,
Salz,
Pfeffer,
1 Prise Cayennepfeffer,
etwa 400 g Spaghetti,
2 TL Aceto balsamico

1 Das Weiß der Frühlingszwiebeln in feine Ringe schneiden und in 2 EL Butter andünsten.

2 Den fein gewürfelten Schinken und die Erbsen zufügen. Mit Wein und Kalbsfond auffüllen. Einige Minuten köcheln, bis die Erbsen aufgetaut sind. Alles mit Salz, Pfeffer und Cayenne würzen. Zum Schluss das in feine Ringe geschnittene Frühlingszwiebelgrün unterrühren.

3 Inzwischen die Spaghetti in gesalzenem Wasser bissfest garen.

4 Die abgetropften Spaghetti mit der Sauce mischen und erst jetzt mit Balsamessig würzen.

Rund um den Apfel

Die Knackigkeit des Apfels beweist uns, dass nur gute Zähne herzhaft zubeißen können... Seine Farbe – ob roter Jonagold, grüner Granny Smith oder gelber Golden Delicious – ist jedoch nicht nur eine Frage des Geschmacks: Schneewittchen biss in die rote Wange des Apfels, sie dünkte ihr die verlockendere. Heute müssten die Gebrüder Grimm ihr Märchen umschreiben, wollten sie die Story der Jugend schmackhaft machen – grüne Äpfel stehen in ihrer Gunst! Sie vermitteln den Eindruck von Frische und spritziger Säure – auch wenn das gar nicht stimmt, denn entweder schmecken grünliche Äpfel nur grasig (wie unreife Golden Delicious) oder sind ebenso süß (Granny Smith) wie ein in den schönsten Apfelfarben prangender Cox Orange, ohne dessen erfrischende Säure zu besitzen, oder Elstar, dem derzeit mit Recht beliebtesten, weil geschmackvollsten Apfel.

Die Crux mit den Handelsklassen

Unsere Handelsklassenverordnung hat leider einen entscheidenden Fehler: ihr sind allzu sehr die äußeren Qualitäten wichtig, und sie vernachlässigt dabei völlig die inneren Werte. Freilich: Ist der Apfel groß, wurde er gut versorgt und enthält alle sortentypischen Inhaltsstoffe; ist er makellos und schön verfärbt, bekam er ausreichend Sonne und hat also alle Aromen ausbilden können; hat er keine Schorfflecken, ist er auch süß; und haust kein Wurm in ihm, gibt es wenig Abfall. Allerdings darf das nicht zu dem Umkehrschluss verleiten, in schwarzfleckigen, schorfigen und verkniesterten Alternativ-Äpfeln das Gute zu sehen. Es sind dies Fehler, die eher unreife Säure und geschmackliche Mängel garantieren, denn begehrenswerte Natürlichkeit.

Ein bisschen Apfelgeschichte

Der genießbare Apfel ist kein Geschenk der Natur, sondern ein Zuchtprodukt des Menschen, er bedarf deshalb stets der pflegenden Hand. Ein wilder Apfel bereitet zweifelhaften Genuss, ist allenfalls geeignet, den ungeschulten und anspruchslosen Gaumen eines Steinzeitmenschen zu erquicken. Man hat deshalb schon früh angefangen, bessere, weniger holzige, saftreiche und süße Früchte zu züchten.
Mit fantastischem Erfolg: Der Pommologische Verein Württemberg stellte im Jahre 1871 in Reutlingen »anlässlich des 25-jährigen Ehe-Jubiläums des schwäbischen Königs und der Königin« die »3000 wichtigsten Apfelsorten« aus! Die Liebe zum Apfel lag offenbar in der königlichen Familie: Sein Vater ließ schon, um den sich nach der Jahrhundertmitte häufenden Hungersnöten zu begegnen, aus seiner Privatschatulle über zwei Millionen Apfel- und Birnbäume entlang der schwäbischen Straßen pflanzen!
Indes: Alles Gute im Übermaß verkehrt sich ins Gegenteil. Niemand fand sich mehr in diesem unüberschaubaren Angebot zurecht und schon bald wurden nur noch die besten Sorten für den Anbau in den verschiedenen Obstbaugebieten empfohlen. Denn nach Klima und Bodenverhältnissen stellten verschiedene Sorten sehr verschiedene Ansprüche. So benötigen Ingrid Marie und Cox Orange eine hohe Luftfeuchtigkeit, der Golden Delicious liebt es eher trocken und der Gravensteiner wächst zwar auch in rauhen Gegenden, braucht aber einen feuchten Standort. Insgesamt schmecken Äpfel um so langweiliger, je wärmer das Anbaugebiet liegt, und die eleganteste Fruchtigkeit wird dort erreicht, wo der Anbau gerade noch möglich ist. Das ist gerade so wie beim Wein auch...

Ein wenig Apfelkunde

Äpfel aus Südeuropa schmecken hauptsächlich süß, scheinen uns ausdruckslos; andererseits sind unsere mit fruchtigen Sauren gesegneten Äpfel dort nicht beliebt – alles ist eben eine Frage der Gewohnheit und Geschmackssache... Und Geschmack ist bekanntlich Moden unterworfen: Die unverwechselbare, herbe Charakteristik des Boskoop mag heute nur noch eine kleine Minderheit, die milde Art von Jonagold eckt kaum an, findet daher eine größere Zahl von Liebhabern. Unzählige Neuzüchtungen und Mutanten sind in den letzten Jahren auf den Markt gekommen. Leider muss man sagen, eine langweiliger als die andere, denn den Züchtern lag weniger ein guter, ausdrucksstarker Geschmack der Frucht am Herzen, als regelmäßiger Ertrag, gleichmäßige Größe, schönes Aussehen, gute Lagerfähigkeit und vor allem Resistenz gegen Pilz- und Infektionskrankheiten.

Die wichtigsten Sorten

Die einzelnen Apfelsorten verfügen natürlich über sehr unterschiedliche Eigenschaften, man sollte daher nicht ein und dieselbe Sorte zum Rohessen, Kochen, Braten und Backen verwenden. Ein ganz früher Jakob Klar oder James Grieve lockt zum Hineinbeißen – und vermittelt das schönste Gefühl von Hochsommer! Der nachfolgende Gravensteiner, saftig und aromatisch wie kein anderer, schmeckt am besten, wenn er am Baum hat ausreifen dürfen, dann zieren rote Streifen seine Backe. Außerdem geben sie ein köstliches Mus, wie auch der am Niederrhein beliebte Berlepsch und der ausgezeichnete Elstar.

Auch sind Gravensteiner, neben Boskoop und dem leider vergessenen Jakob Lebel, die besten Kuchenäpfel – sie verfärben sich allerdings rasch braun, müssen also mit Zitronensaft hell gehalten werden. Der unterschätzte – weil in den südlichen Ländern für den deutschen Markt zu früh geerntete und daher meist fade, bei richtiger Pflege in Deutschland aber ausgezeichnete Ergebnisse liefernde Golden Delicious, hat den Vorteil, auch angeschnitten schön hell zu bleiben und die Form gut zu bewahren: Er ist daher ideal für die berühmte Tarte Tatin, den gestürzten Apfelkuchen aus Frankreich, gut auch als Kompott, in Saucen, Salaten und Charlotten, »jenen kunstvollen Desserts, die aus der Form gestürzt werden müssen, um das Auge der Tischgenossen zu entzücken«, wie sich der französische Gastrosoph Brillat Savarin ausdrückte. Rotbackige Äpfel, etwa Gala, Jonagold und Idared, eignen sich ganz allgemein weniger für kunstvolle Zubereitungen – ihr Fruchtfleisch löst sich zu leicht auf, wird flockig. Deshalb verspeist man sie lieber roh. Oder man hängt sie als dunkelrote Symbole des häuslichen Glücks in den Weihnachtsbaum.

Exotisches Apfelmus

Wer einmal probiert hat, wie unglaublich gut selbst gekochtes Apfelmus schmeckt, der wird für das fertig gekaufte im Glas verloren sein. Unser Trick: Die Äpfel werden mit Schale und mit dem Kerngehäuse verarbeitet, denn darin steckt Pektin, ein Geliermittel, das dem Apfelmus die richtige Konsistenz und einen seidigen Glanz gibt.

Für 6 Personen:

1,5 kg Äpfel (möglichst eine aromatische Sorte, z.B. Berlepsch, Cox Orange oder Elstar),
1 Zitrone,
75–100 g Zucker (je nach Säure der verwendeten Sorte)

nach Belieben:

1 walnussgroßes Stück Ingwer,
Zimtstange,
1 Chilischote

1

4

1 Die Äpfel waschen, vierteln, den Blütenansatz und den Stiel herausschneiden und in einen Topf füllen – am besten gelingt das Apfelmus übrigens im Schnellkochtopf, wo es vor zu viel Luft geschützt ist und heller bleibt.

2 Den Zitronensaft über die Apfelstücke träufeln, Zucker zufügen, ebenso das geschälte Stück Ingwer, die Zimtstange und die Chilischote.

3 Zugedeckt etwa 20 Minuten sanft köcheln: im Schnellkochtopf bitte die milde Stufe verwenden!

4 Das Apfelmus noch heiß durch die Gemüsemühle (siehe Tipp S. 127) mit der feinen Lochscheibe oder durch ein feines Sieb passieren und kalt stellen.

TIPP

Apfelmus auf Vorrat

Größere Mengen Apfelmus kann man natürlich einfrieren. In Gefrierboxen oder auch in stabilen Gefrierbeuteln. Wer mit Platz in der Kühltruhe geizen muss, füllt den Segen in Einmachgläser und sterilisiert ihn. Je nach Menge in der Mikrowelle, im Schnellkochtopf oder im Backofen: stets im Wasserbad, sobald Bläschen im Glas emporsteigen, ist der Inhalt heiß genug und steril geworden. Langsam, am besten im Ofen, im Topf oder unter einem Küchentuch abkühlen lassen. Bei längerer Lagerung im Einmachglas kann sich das Apfelmus verfärben, was Einmachhilfen verhindern.

Kartoffelpuffer

Sie sind ein beliebter Begleiter für Apfelmus. Damit die Kartoffeln in spaghettifeine Streifen geschnitten werden, benutzen wir ein spezielles Gerät (siehe S. 59 und 202). Es schneidet nicht nur Kartoffeln, sondern auch alle anderen fest strukturierten Gemüse zu spaghettifeinen Streifen. Die Kartoffelpuffer daraus sind wirklich von der besonderen Art!

Für 4 Personen:

4 große Kartoffeln,
Öl oder Schmalz zum Braten,
Salz,
Pfeffer

1 Die Kartoffeln schälen, in feine spaghettilange Streifen schneiden, spiralförmig in die Pfanne mit heißem Öl oder Schmalz setzen, dabei zu einem exakten Kreis legen. Sofort salzen und pfeffern, sobald die Kartoffelstreifen an der Unterseite zu bräunen beginnen, die Puffer wenden.

2 Die Puffer heiß, direkt aus der Pfanne servieren, dazu das gut gekühlte Apfelmus reichen.

TIPP

Die Flotte Lotte fürs Mus

Es gibt eine Gemüsemühle mit Namen »Flotte Lotte« – dieser Begriff hat sich für viele auch in Bezug auf alle anderen Gemüsemühlen eingebürgert, weil sie ursprünglich einmal unter dieser Bezeichnung auf den Markt gebracht wurde. Inzwischen werden Gemüsemühlen oder Passiersiebe von verschiedenen Herstellern angeboten. Leider sind sie nicht allesamt gleich gut tauglich. Aufpassen muss man vor allem darauf, dass die Löcher des meist austauschbaren Siebs wirklich klein genug sind, um Spelzen aufzufangen – Faustregel: Die Kernchen von Himbeeren dürfen nicht hindurchgelangen, dann ist das Sieb auch für Äpfel geeignet.

Neunthauser Apfelspeise

Eines unserer liebsten Desserts im Herbst und Winter. Es lässt sich gut vorbereiten, und jeder isst es gern.

Für 4–6 Personen:

1 Portion Apfelmus (mit oder ohne Gewürze gekocht)

Mandelkrokant:

2 EL Butter,
2 EL Zucker,
100 g Mandelblättchen

Außerdem:

200 g Sahne,
1 Tütchen Vanillezucker,
2 EL Zucker,
75 g bittere Schokolade

2

1 Das Apfelmus wie beschrieben zubereiten, in eine Schüssel füllen und abkühlen lassen.

2 Für den Krokant die Butter in einer beschichteten Pfanne erhitzen, den Zucker darin schmelzen, die Mandelblättchen zufügen und so lange rösten, bis sie vom Karamell dick überzogen sind. Auf eine steinerne Fläche oder ein ausreichend großes Stück Alufolie verteilen und abkühlen lassen. Dann mit einem Nudelholz darüberwalzen und den Karamell grob zerkleinern. Auf der Apfelmusoberfläche verteilen.

3 Kurz vor dem Servieren die Sahne steif schlagen, dabei mit Vanillezucker und Zucker würzen. Auf der Oberfläche verteilen, dabei wolkig aufhäufen.

4

4 Zum Schluss die Schokolade in Späne schneiden (siehe Tipp) und auf der Sahnehaube verteilen. Jetzt unverzüglich servieren.

TIPP

Der Schoko-Raspel-Trick
Frisch geraspelt schmeckt Schokolade besser als geraspelt gekauft. Zwei Tricks, wie das ganz einfach geht: Von der Schokolade mit einem Kartoffelschälmesser kleine Flöckchen schaben. Oder mit der Schokoladentafel über einen Gurkenhobel fahren. In beiden Fällen: Immer die Schokolade vorher gut kalt legen, damit sie nicht zu schnell durch die Handwärme dahinschmilzt.

Französischer Apfelkuchen

Schnell gemacht und unwiderstehlich, vor allem noch lauwarm mit einer Kugel Vanille- oder Apfeleis.

Für eine Springform:

250 g Mehl,
150 g Butter,
100 g Zucker,
1 Eigelb,
1 Prise Salz

Belag:

1 kg Äpfel (möglichst solche, die gut ihre Form behalten, z.B. Golden Delicious, Boskoop),
1 Zitrone,
50 g Butter,
ca. 100 g Zucker,
2 EL Mandelstifte

1

2

1 Die Zutaten für den Teig rasch zusammenkneten, zu einer Kugel geformt in Klarsichtfolie oder einen Gefrierbeutel gepackt eine halbe Stunde kalt stellen. Dann auf einem ausreichend großen Stück Folie ausrollen. Mit Hilfe dieser Folie lässt sich die Teigplatte dann kinderleicht in die Form (26 cm Ø) transportieren. Die Form kühl stellen.

2 Die Äpfel schälen, vierteln, das Kerngehäuse herausschneiden. Sofort in Zitronensaft wenden, damit sie schön hell bleiben. Die Viertel an der gewölbten Seite mit dichten Schnitten einschneiden und dicht an dicht auf den Teigboden setzen, dabei ein möglichst exaktes Rund auslegen.

3 Die Äpfel mit flüssiger Butter einpinseln und mit Zucker bestreuen. In den 220 Grad vorgeheizten Ofen schieben – wenn Ihr Backofen eine extra schaltbare Unterhitze hat, diese einschalten. Ansonsten die Form auf die unterste Schiene stellen.

4 Den Apfelkuchen 45 Minuten backen, bis der Rand bräunt und die Äpfel ebenfalls braune Spuren zeigen. Nochmals mit Butter einpinseln, mit Zucker bestreuen und Mandelstifte zwischen die Apfelviertel streuen, nach Belieben auch in Rum eingeweichte Rosinen. Die Hitze auf 180 Grad herunterschalten und weitere 10 Minuten backen.

5 Aus der Form lösen und etwas auskühlen lassen. Vor dem Servieren mit Puderzucker bestäuben.

Apfel-Marzipan-Taschen

Wirklich im Handumdrehen gemacht. Man braucht fertigen Blätterteig aus der Tiefkühltruhe, ein bisschen Marzipan und natürlich Äpfel...

Für 6–8 Personen:

4 Platten Tiefkühl-blätterteig,
Mehl,
2 Äpfel,
50 g Marzipan,
2 EL Apfelbrand,
1 EL Zimtzucker,
1 Eigelb,
2 EL Sahne

2

5

1 Die Teigplatten auf der mit Mehl bestäubten Arbeitsfläche ausbreiten und 10 Minuten auftauen lassen.

2 Inzwischen die Äpfel schälen, vierteln, vom Kerngehäuse befreien. Das Marzipan mit dem Apfelschnaps verkneten, zu einer Rolle formen und in acht gleich große Stücke schneiden.

3 Die Teigplatten etwas flacher rollen, sodass sie um etwa die Hälfte breiter beziehungsweise länger werden. Jeweils in der Mitte durchschneiden, sodass acht gleich große Teigstücke entstehen.

4 In die Mitte jeweils ein Stück Marzipan setzen, darauf ein Apfelviertel, das in Zimtzucker gewälzt wurde. Dafür unter den Esslöffel Zucker eine Messerspitze gemahlenen Zimt mischen.

5 Die Ecken über dem Apfelstück zusammenschlagen und entlang der Kanten gut zusammenkniffen, damit die Teigtasche gut verschlossen ist. Die Mitte zusammenzwirbeln.

6 Die Teigtaschen mit Eigelb einpinseln, das mit Sahne glatt gequirlt wurde, und auf ein mit Backpapier belegtes Blech setzen. Bei 220 Grad im vorgeheizten Ofen etwa 12 bis 15 Minuten backen, bis die Apfeltaschen goldbraun geworden sind. Lauwarm servieren, eventuell mit einem Schlag Sahne!

Bratäpfel

Ein wunderbares, herbstliches, sogar schon winterliches Dessert. Auch die Bratäpfel lassen sich vorbereiten – man kann sie fix und fertig füllen und in der Bratform im Kühlschrank bereithalten. Eine halbe Stunde bevor serviert werden soll, schiebt man die Form in den heißen Backofen.

Für 4 Personen:

4 gleich große Äpfel (z.B. Boskoop, Glockenapfel oder Goldparmäne),
Zitronensaft,
4 EL Johannisbeergelee,
4 EL gemahlene Mandeln,
2 EL in Rum eingeweichte Rosinen,
2 EL Butter

Außerdem:

Butter für die Form

1 Die Äpfel mit einem Apfelausstecher durchbohren und so das Kerngehäuse, den Stiel und den Blütenansatz entfernen. Schnittflächen sofort mit Zitronensaft einpinseln, damit sie sich nicht braun verfärben.

2 Für die Füllung die Marmelade mit Mandeln, Rosinen und Butter verkneten. In die Äpfel verteilen. Diese nebeneinander in eine dick ausgebutterte Form setzen. Für 20 bis 25 Minuten in den 200 Grad heißen Ofen schieben, bis die Äpfel innen brodeln.

3 Sofort servieren. Zum Beispiel mit heißer Vanillesauce oder mit gut gekühlter Crème fraîche.

TIPP

Apfeleiscreme

Wenn vom Apfelmus ein wenig übrig bleibt, ist schnell ein köstliches Eis daraus gemacht: 2 Tassen Apfelmus mit einer Tasse süßer Sahne verrühren, mit Puderzucker nach Geschmack süßen und mit einem Spritzer Apfelbrand parfümieren. In der Eismaschine zu Eis rühren und gefrieren lassen. Wer keine Eismaschine hat, der muss die Sahne steif geschlagen unter das Apfelmus rühren und kann die Masse dann im Gefrierer wie gewohnt fest werden lassen.

Apfelkücherl

Die zarte, knusprige Hülle um das süße, saftige, weich gewordene Fruchtfleisch des Apfels ist immer wieder ein ebenso köstlicher wie überraschender Gegensatz. Natürlich muss man die Kücherl frisch aus der Pfanne verspeisen!

Für 4–6 Personen:

2 Eigelb,
5 EL Mehl,
1/4 l Bier,
1 Prise Salz,
3 EL Zucker,
2 Eiweiß,
4 säuerliche Äpfel (z. B. Boskoop oder Glockenapfel),
Zitronensaft,
Butterschmalz zum Frittieren,
3 EL Zucker,
2 TL Zimt

1 Eigelb, Mehl, Bier und Salz mit dem Schneebesen zu einem glatten, dünnflüssigen Teig rühren. Eine halbe Stunde quellen lassen. Erst dann das mit dem Zucker steif geschlagene Eiweiß ganz vorsichtig unterziehen.

2 In der Zwischenzeit die Äpfel schälen, das Kerngehäuse mit einem Ausstecher entfernen. Die Äpfel quer in 1/2 cm dicke Scheiben schneiden. Unverzüglich in Zitronensaft legen, damit sie schön hell bleiben. Das Frittierfett erhitzen, bis an einem Holzlöffel, den Sie hineinhalten, heftig dicke Bläschen emporsteigen. Apfelringe nacheinander durch den Teig ziehen. Etwas abtropfen lassen, sie sollen nur von einem dünnen Teigfilm umhüllt sein. Dann schwimmend im heißen Schmalz goldbraun ausbacken. Auf einer dicken Lage Küchenpapier gut abtropfen lassen. Mit Zucker und Zimt dick überpudert servieren.

3 Dazu schmeckt Preiselbeerkompott, Apfelmus oder eine Vanillesauce. Man kann die Kücherl aber auch nur mit einem Klecks Crème fraîche oder einfach pur essen!

Apfel im Nachthemd

Im Gegensatz zum goldbraunen Schlafrock aus Blätterteig (siehe nächste Seite), der ja im Ofen gebacken wird, ein helles »Nachthemd«. Denn die Hülle aus Strudelteig bleibt beim Pochieren blass. Dazu gehören braun geröstete Butter und Brösel, die der Sache Farbe, Duft und Knusprigkeit geben.

Für 4–6 Personen:

1 Paket fertig gekaufter oder 1 Portion selbst gemachter Strudelteig (siehe S. 138),
Mehl für die Arbeitsfläche,
6 gleich große säuerliche Äpfel (wie zum Beispiel Golden Delicious oder Glockenapfel),
Zitronensaft,
4 EL gemahlene Haselnüsse,
4 EL Himbeerkonfitüre,
2 EL Honig,
1 Eiweiß,
Salz,
75 g Butter

Vanillesauce:

1/4 l Milch,
1/8 l Sahne,
1 Vanilleschote,
3 Eigelb,
3 EL Zucker

1 Den Strudelteig in 6 Quadrate von etwa 20 cm Kantenlänge schneiden. Die Äpfel wie für den Schlafrock auf Seite 134 vorbereiten. Jedoch mit einer Mischung aus Nüssen, Gelee und Honig füllen. Bereits zum Füllen auf die Teigstücke setzen, damit nichts herauslaufen kann. Die freien Teigflächen mit einem verquirlten Eiweiß einpinseln. Den Teig über dem Apfel jeweils hochschlagen und zusammenfassen wie ein Bündel. Mit Küchenzwirn verschnüren.

2 Die Säckchen vorsichtig in leise siedendes Salzwasser setzen. Etwa 30 Minuten sanft ziehen lassen. Mit der Schaumkelle herausheben, abtropfen lassen und auf Tellern anrichten. Mit haselnussbrauner Butter einpinseln, und mit Vanillesauce servieren.

3 Für die Sauce Milch und Sahne aufkochen, dabei die Vanilleschote mitziehen lassen. Nach dem ersten Aufwallen vom Herd nehmen und 10 Minuten stehen lassen. Die Schote dann mit einem Messer aufschlitzen, das Mark herauskratzen und in die Milch rühren.

4 Inzwischen die Eigelb mit dem Zucker dick und cremig schlagen. Die abermals aufgekochte Vanillemilch zufügen. Wenn alles gut vermischt ist, wieder zurück in den Topf schütten. Unter ständigem Rühren mit dem Schneebesen langsam erhitzen, einmal aufwallen, aber nicht richtig ins Kochen geraten lassen, weil das Eigelb sonst gerinnt. Wenn die Creme heiß und dicklich ist, vom Herd nehmen und wieder in die Rührschüssel umfüllen, damit sie rascher abkühlt. Am besten zusätzlich ins kalte Wasserbad stellen. Gelegentlich aber rühren, damit sich keine Haut bildet.

5 Variante: Einfach mit brauner Butter und mit reichlich Zimtzucker bestreut, schmecken die Äpfel im Nachthemd ebenfalls sehr delikat.

Apfel im Schlafrock

Ein Klassiker, in letzter Zeit ein bisschen in Vergessenheit geraten. Dabei ist es ein ebenso schönes wie einfach zuzubereitendes Dessert. Statt Himbeerssauce passt natürlich auch gut eine Vanillesauce – hübsch wenn man beides dazu seviert.

Für 4 Personen:

1 Paket TK-Blätterteig,
Mehl für die Arbeitsfläche,
4 gleich große Äpfel
(z. B. Goldparmäne oder Jonagold),
Zitronensaft,
etwa 50 g Marzipanrohmasse,
2 EL Crème fraîche,
2 EL grob gehackte Mandeln,
2 EL Rosinen in 2 EL Rum eingeweicht,
1 Eiweiß,
1 Eigelb,
2 EL Sahne

Himbeersauce:

1 Paket tiefgekühlte Himbeeren,
3 EL Puderzucker

1 Die Blätterteigplatten nebeneinander liegend auftauen, danach aufeinander gestapelt auf einer mit Mehl bestäubten Arbeitsfläche dünn ausrollen. Vier Quadrate von ca. 20 cm Kantenlänge ausschneiden.

2 Äpfel schälen, mit einem Kernausstecher durchbohren. Rundum und innen mit Zitronensaft einpinseln, damit die Äpfel schön hell bleiben.

3 Für die Füllung Marzipan, Crème fraîche, Mandeln und Rumrosinen verrühren. Gleichmäßig in die Äpfel verteilen. Damit beim Transport nichts auslaufen kann, die Äpfel zuvor bereits in die Mitte des Teigfleckens setzen. Die freie Teigfläche mit Eiweiß einpinseln. Den Teig über dem Apfel zusammenschlagen und gut fest drücken.

4 Aus dem restlichen Teig Verzierungen ausschneiden, zum Beispiel Blätter, Stiel oder auch nur Zackenleisten, und mit Eiweiß auf die eingepackten Äpfel kleben. Alles mit Eigelb einpinseln, das mit etwas Sahne glatt gerührt wurde. Die Äpfel im Schlafrock auf ein mit Wasser abgespültes Blech setzen. Bei 200 Grad (Gas: Stufe 3) im vorgeheizten Ofen 35 bis 40 Minuten backen, bis der Schlafrock appetitlich braun geworden ist und glänzt.

5 Unterdessen für die Sauce die aufgetauten Himbeeren mit dem Puderzucker verrühren, durch ein sehr feines Sieb streichen, um alle Kernchen aufzufangen. Die Sauce, falls nötig, nachsüßen und getrennt dazu servieren.

TIPP

So helfen Sie dem Apfel in den Schlafrock

Den vorbereiteten Apfel (also ausgebohrt, mit Marmelade und Rosinen gefüllt) auf ein Teigquadrat setzen. Die vier Ecken hochnehmen. Die vier Kanten jeweils gut zusammenkniffen, auch oben zudrücken und mit einem Teigflecken versiegeln.

Apfeltarte mit Blätterteigboden

Eine elegante Tarte nach französischem Vorbild mit dem unvergleichlichen Karamellgeschmack!

Für eine Tarteform:

1 Paket tiefgekühlter Blätterteig,
100 g Butter,
6–7 möglichst gleich große Äpfel (z. B. Golden Delicious oder Goldparmäne),
Zitronensaft,
75 g Zucker,
40 g Mandelblättchen,
4 EL Aprikosenkonfitüre

1 Die Blätterteigplatten nebeneinander liegend auftauen lassen. Dann 4 der 5 Platten dünn mit Butter bestreichen, aufeinander stapeln und die unbestrichene Platte obenauf packen. Die Teigplatten zu einem dünnen Teigboden ausrollen. Auf eine mit kaltem Wasser abgespülte Tarteform (26 cm ø) legen und rundum einen kleinen Rand hochkniffen.

2 Die Äpfel vierteln, schälen, vom Kerngehäuse befreien. Viertel längs in gleich dünne Scheiben schneiden. Sofort in Zitronensaft wenden, damit sie schön hell bleiben. Die Scheibchen dachziegelartig auf dem Blätterteigboden anordnen. Mit Butterflöckchen besetzen und Zucker darüber streuen. Mandelblättchen gleichmäßig über allem verteilen.

3 Das Blech in den 250 Grad (Gas: Stufe 5) heißen Ofen schieben. Die Tarte 35 bis 40 Minuten backen, bis die Kanten der Apfelscheiben dunkelbraun sind.

4 Die Aprikosenkonfitüre mit 1 EL Wasser glatt rühren und (am besten in der Mikrowelle) kurz aufkochen. Mit einem Pinsel auf die Oberfläche der Apfeltarte auftragen, bis sie appetitlich glänzt.

TIPP

Ganz wichtig, damit der typisch französische Geschmack entsteht: Beim Bestreuen der Äpfel nicht mit Zucker geizen und den Kuchen so lange im heißen Ofen lassen, bis die Apfelscheibchen dunkle, ruhig fast schwarze Spitzen zeigen. Dann haben sie den charakteristischen Karamellgeschmack!

Apfel-Ofenschlupfer

Eine süddeutsche Spezialität, die man auch unter dem martialischen Namen »Scheiterhaufen« kennt. Eine ideale Resteverwertung für Brötchen oder Weißbrot vom Vortag.

Für 4–6 Personen:

2 altbackene oder 4 frische Brötchen,
3/8 l Milch,
1 Päckchen Vanillezucker,
500 g Äpfel (eine herzhafte Sorte, wie z. B. Bohnäpfel oder Brettacher, auch Boskoop oder Elstar),
2 EL Butter,
3 EL Zucker,
3 EL Rosinen, in Rum eingeweicht,
2 EL Mandelstifte,
1/8 l Sahne,
2 Eier,
abgeriebene Schale einer 1/2 Zitrone

1 Die Brötchen in sehr dünne Scheiben schneiden. Die Scheiben in ca. 1/4 l mit Vanillezucker gewürzte Milch tauchen. Abwechselnd mit Apfelscheiben in eine flache, ausgebutterte Auflaufform schichten. Die Apfelscheiben sollten zuvor in etwas Butter angebraten und dabei mit einem Hauch Zucker überstäubt werden, damit sie sanft karamellisieren. Darauf achten, dass sich ein hübsches Muster ergibt.

2 Die abgetropften Rosinen und Mandelstifte auf der Oberfläche verteilen. Restliche Milch mit Sahne, Eiern, Zucker, Zitronenschale und dem vom Einweichen übrig gebliebenen Rum verquirlen und gleichmäßig darüber gießen.

3 Den Ofenschlupfer bei 225 Grad (Gas: Stufe 4) 30 bis 35 Minuten backen, bis seine Oberfläche knusprig geworden ist.

Apfeltorte mit Mandelschaum

Ein wunderbar saftiger Belag: wie ein Baiser wölbt sich über den Äpfeln die schützende Haube aus Eiern und gemahlenen Mandeln. Eine Torte, die einen Ehrenplatz auf der Kaffeetafel verdient!

Für eine Springform:

280 g Mehl,
250 g Butter,
eine Prise Salz,
1 Eigelb

Füllung:

750 g Äpfel,
Saft einer Zitrone,
1 EL Vanillezucker,
4 EL Rum,
4 Eigelb,
8 EL Zucker,
140 g Mandeln,
5 Eiweiß

Außerdem:

Butter zum Einfetten

1 Aus dem Mehl mit der festen Butter, dem Salz sowie dem Eigelb rasch einen Mürbeteig kneten, zu einer Kugel gerollt, in Folie gewickelt, gut eine halbe Stunde kühl stellen und ruhen lassen.

2 Inzwischen die Äpfel schälen, vierteln, Kerngehäuse entfernen. Viertel in Scheiben schneiden und mit dem Saft einer Zitrone, Vanillezucker und Rum in einer Schüssel mischen.

3 Die Eigelb mit der Hälfte des Zuckers mit dem Handrührer zu einer weißen, dicken Creme rühren. Erst dann nach und nach die geschälten, gemahlenen Mandeln untermischen. Und zum Schluss die mit dem restlichen Zucker sehr steif geschlagenen Eiweiß unterziehen.

4 Die eingefettete Springform (26 cm Ø) mit dem dünn ausgerollten Teig ausschlagen, dabei den Rand hochziehen. Äpfel darauf verteilen. Die Mandelcreme darüber glatt streichen. Bei 175 Grad (Gas: Stufe 2) etwa 70 Minuten backen.

Apfelstrudel

Da kann niemand widerstehen: Ein Apfelstrudel gehört zu den Dingen, nach denen sich jeder sehnt, der sie nur einmal gekostet hat. Am besten schmeckt er natürlich frisch, noch warm, also direkt aus dem Ofen.

Für 6 Personen:

250 g Mehl,
1 Prise Salz,
1–2 EL Öl oder zerlassene Butter,
2 Eigelb,
ca. 1/8 l lauwarmes Wasser,
Öl oder flüssige Butter zum Bestreichen

Füllung:

100 g Rosinen,
4 EL Weinbrand, Calvados oder Rum,
2 kg säuerliche Äpfel (z. B. Gravensteiner, Boskoop oder Glockenäpfel),
Zitronensaft,
100 g Butter,
100 g Paniermehl,
100 g gehackte Mandeln,
5 EL Zucker,
2 TL Zimt,
abgeriebene Zitronenschale

Außerdem:

reichlich Butter zum Bestreichen und für die Backform,
Puderzucker zum Bestreuen

1 Am besten schon zwei Stunden vorher den Teig kneten. Er wird um so besser, je länger er hat ruhen dürfen. Dafür Mehl, Salz, zerlassene Butter oder Öl und Eigelb mit den Knethaken des Handrührers mischen. Dabei löffelweise so viel Wasser zugeben, wie nötig ist. Der Teig soll geschmeidig, aber fest sein. Ihn so lange mit den Knethaken bearbeiten, bis er sich vom Schüsselrand löst. Dann auf der bemehlten Arbeitsunterlage energisch durchwalken, immer wieder mit Schwung auf die Arbeitsfläche werfen, damit er seine Spannung verliert. Den Teig schließlich zu einer Kugel formen, mit Öl oder zerlassener Butter einpinseln und unter einer mit heißem Wasser ausgespülten Schüssel eine Stunde ruhen lassen. Die feuchte Atmosphäre unter der Schüssel sorgt dafür, daß er auf keinen Fall austrocknet.

2 Das Ausziehen des Teiges ist längst nicht so schwierig, wie man glaubt. Man arbeitet auf einem mit Mehl bestäubten großen Tuch, das man über die freigeräumte Arbeitsfläche breitet. Ausreichend Platz ist wichtig! Zunächst mit der Nudelrolle den Teigkloß flach wellen. Dann mit den Handrücken drunterfahren, den Teig behutsam ausdehnen, bis er durchscheinend dünn ist. Immer wieder mit Öl oder Butter einpinseln, damit er nicht austrocknet. Dicke Ränder abtrennen. Für die Füllung die Rosinen in dem Alkohol einweichen. Die Äpfel schälen, vierteln, vom Kerngehäuse befreien und in Scheibchen schneiden. Mit Zitronensaft beträufeln. In 50 Gramm Butter in einer größeren Pfanne andünsten. Herauskippen und abkühlen lassen. In derselben Pfanne das Paniermehl und die Mandeln in der restlichen Butter anrösten, dabei 2 EL Zucker darüber streuen und drunterrühren. Ebenfalls auskühlen lassen.

3 Auf dem ausgezogenen und mit Butter eingestrichenen Teig zuerst geröstetes Paniermehl samt Mandeln verteilen, auf die Hälfte der Teigfläche dann die gedünsteten Äpfel geben, mit dem restlichen Zucker, mit Zimt sowie der Zitronenschale bestreuen. Die Rumrosinen darüber verteilen. Den Strudel von der mit Füllung belegten Längsseite her aufrollen. Das geht fast von allein, indem man das Tuch anhebt und dem Strudel einen Anfangsschubs gibt.

4 Den Strudel in eine üppig gebutterte Form oder tiefes Backblech setzen. Mit Butter einpinseln. Im 200 Grad (Gas: Stufe 3) heißen Ofen 50 bis 60 Minuten backen, bis er knusprig aussieht. Immer wieder dick mit Butter einstreichen. Den fertigen Strudel noch mal gut einpinseln und schließlich mit Puderzucker bestäuben.
Am besten schmeckt dazu eine

5 **Weinschaumsauce**
Für 6 Personen 140 g Zucker, Saft und abgeriebene Schale einer Zitrone und 1/4 l Weißwein so lange köcheln, bis der Zucker völlig aufgelöst ist. Nacheinander 6 Eigelb zufügen, dabei unermüdlich mit dem Schneebesen schlagen, damit das Eigelb nicht gerinnt, sondern bindet. Die schaumige Sauce heiß servieren oder gut abgekühlt. Dafür den Topf in eine Schüssel mit Eiswasser stellen, damit die Weinschaumsauce rasch abkühlt, und immer wieder durchrühren, damit sie schön cremig bleibt.

TIPP

Wer den Strudel saftig und knusprig zugleich liebt, gießt vor dem Backen 1/4 l Milch darüber. Während des Backens verkocht die Milch bzw. wird aufgesogen, die Oberfläche wird besonders braun und das Füßchen rösch.

Chilis und Paprika

Chili-Schärfe lässt sich messen

In Amerika hat man eine Art Thermometer entwickelt, mit der Skala von 1–10! Die so genannte Scoville-Skala, die von 0 (süße rote Paprikaschoten) bis zu 100 000 (Habanero) reicht. Die Ermittlung erfolgt durch Einweichen der Schoten in Alkohol, der das Capsaicin auslaugt. Dann wird dieser Extrakt mit Zuckerwasser verdünnt. Bis die Schärfe nicht mehr wahrnehmbar ist – man braucht etwa 30 000mal so viel Zuckerlösung wie Chili-Extrakt – hat man einen genauen Schärfegrad ermittelt. Das Verfahren ist freilich langwierig und heute durch ein Präzisionsgerät ersetzt, einen so genannten High Pressure Liquid Chromatographen, der in einem komplizierten, aber sehr genauen Verfahren den Schärfegrad messen kann. Die verschiedenen Capsaicine wirken jedoch unterschiedlich – einige brennen sofort und anhaltend, andere verklingen ebenso schnell, wie sie zupacken und eine dritte Variante beginnt hinterhältig verzögert, um erst nach längerer Zeit mit voller Schärfe zuzubeißen. Eine die menschliche Sensibilität genau berücksichtigende Schärfeeinteilung gibt es leider nicht, zumal man sich im Laufe der Zeit durch häufigen Chiligenuss an die Schärfe gewöhnt und immer unempfindlicher gegen sie wird… Und damit zwangsläufig nach immer heftigerer Schärfe sucht!

Jetzt muss man sich natürlich fragen: Warum suchen manche Menschen die Schärfe? Darauf ließe sich antworten: »Weil es so schön ist, wenn der Schmerz vergeht!« Aber auch: »Weil man süchtig danach wird«? In der Tat wird man das, aber es handelt sich gottlob um eine harmlose Form von Sucht.

Was geschieht eigentlich, wenn man scharf isst? Das Beißen der Chilischärfe auf Zunge und Lippen wird dem Hirn als »Verbrennen« gemeldet. Warum das so ist, weiß man noch nicht; die Schärfe von Pfeffer oder Meerrettich beispielsweise wird vom Körper nicht so gedeutet! Das Hirn erkennt also: Feuer, Feuer! und schaltet auf höchsten Gang: Das Herz klopft schneller, der Mund produziert mehr Speichel, die Nase beginnt zu laufen, der Verdauungstrakt arbeitet intensiver und die Schweißdrüsen schalten auf volle Pulle. Und vor allem: Das Hirn gibt, unter dem Eindruck, der Körper sei erheblich verletzt worden, den Befehl aus, ein Antischmerzmittel auszuschütten – das körpereigene Endorphin. Das ist ein Mittel, das im Körper eine Art Rausch und Glücksgefühl erzeugen kann. Man kennt das zum Beispiel nach stundenlangem Joggen oder Marathonlaufen – durch Chiligenuss lässt sich dieses Gefühl also auch erreichen. Jedoch angenehmer und einfacher! Und vor allem genussvoller! Denn im Gegensatz zur landläufigen Meinung zerstört die Chilischärfe keineswegs den Geschmackssinn, sondern schärft ihn sogar! Allerdings: Man muss Chiligenuss lernen! Wer Chili nicht gewöhnt ist, spürt nur den brennenden Schmerz und meint daher, nichts mehr schmecken zu können. Geübte Chilifans wissen jedoch, dass hinter der Schärfe ein präzises Geschmacksempfinden aufwacht! Längst spricht man in Amerika übrigens nicht mehr von den nur vier »klassischen« Geschmacksrichtungen süß, salzig, sauer und bitter, die wir mit der Zunge erschmecken, sondern nimmt die Dimension der Schärfe, die auch fade Dinge würzig werden lässt hinzu. Wir haben dafür den Begriff »Tiefe« geprägt, denn alle Speisen schmecken völlig anders, nämlich würziger, intensiver, eben »tiefer«, wenn man sie mit Chili schärft.

Wie man mit Chilis in der Küche umgeht

Mit Chili kann man praktisch alles würzen: man kann ihn frisch und klein gehackt wie Pfeffer verwenden, an Salate, Saucen, Suppen, vor allem Schmorgerichte tun. Getrocknet kocht man ihn in Suppen und Saucen mit. Dabei gibt er natürlich mehr oder weniger Würze ab, je nachdem, wie lang er ausgekocht wird. Getrocknet kann man ihn mahlen, mit oder ohne Kerne und den Innenwänden.

Chili-Einkauf

Leider wird frischer Chili bei uns noch nicht im allgemeinen Sortiment gepflegt – nur in den Großstädten (Viktualienmarkt in München, KaDeWe in Berlin) findet man eine ansprechende Auswahl und auch Importe aus Amerika/Mexiko. Ansonsten sichere Bezugsquelle: Die Asiengeschäfte, Thai-Shops und China-Markets. Besser allerdings: selber anbauen. Am bequemsten sind natürlich schon kleine Pflänzchen. Manchmal kann man gängige Sorten bei interessierten Gärtnern oder auf Märkten finden. Oder man lässt sie sich schicken (Bezugsquellen Seite 202). Allerdings erfordert die Anzucht einige Sorgfalt, denn Chilipflänzchen mögen es warm und hell, damit sie kräftig gedeihen. Wir haben folgendes Verfahren entwickelt: Gesät wird in normaler Anzuchterde in Anzuchtschalen. Diese stellen wir auf spezielle Heizmatten, welche in einem Frühbeetkasten liegen, der wiederum im Folientunnel steht. So isoliert, keimen die Samen bereits Ende Februar, werden Ende März bis Anfang April pikiert und jedes Pflänzchen in sein eigenes kleines Töpfchen gesetzt. Und wir bekommen bis Mitte, Ende Mai stabile und kompakte, nicht hochgeschossene Pflanzen, die zunächst ohne Stütze wachsen können. Die an europäische Bedingungen gewöhnten Sorten blühen dann schon bald und tragen ab Mitte Juli, Anfang August die ersten Früchte, auf die Schoten der mexikanischen, karibischen und südasiatischen Chilipflanzen muss man bis Ende August warten.

Chilipflanzen dürfen nicht zu eng gesetzt werden, sollen sie gut tragen – rechnen Sie mit Abständen von 40 cm (Vogelaugenchili, Serrano, Cayenne, Tabasco, runde Piemonteser, lombardische Spiral) bis 60 cm (Habanero, Ancho, Pasilla, lange Ungarische, portugiesische Glocken, orange Thaichili). Alle Chilisorten brauchen neben Licht und Wärme, die ein Folientunnel oder Gewächshaus garantieren, viel Dünger und stets einen frischen Luftzug – sie werden in feuchter, stickiger Luft schnell krank. Sie schätzen zwar reichlich Wasser, lieben es aber auch nicht, wenn die Blätter lange nass sind – besser ist Tröpfchenbewässerung. Sonst vorzugsweise am Morgen gießen. Und vor Schnecken schützen: Diese sind unempfindlich gegen die Schärfe und so ziehen die jungen, knackig-saftigen Chilis sie geradezu magnetisch an. Auch von Blattläusen, Spinnmilben (vor allem bei trockener Luft!) und Weißer Fliege werden sie gerne heimgesucht.

Beginnen sie zu tragen, werden die einzelnen Zweige schwer und können abbrechen bzw. die Schoten auf dem Boden liegen, wo sie rasch zu faulen beginnen. Deshalb lässt man die Pflanzen entweder in eine etwa 40 cm hoch über dem Boden eingerichtete Eisenmatte (Betonbewehrung) wachsen, bindet sie an Stäbe oder befestigt sie mit Schnüren am Gewächshausdach.

Manche Chili sind selbstfruchtend, andere brauchen das Bienchen – es ist aber im Allgemeinen nicht nötig, mit dem Pinsel nachzuhelfen. Werden Sie jedoch nicht unruhig, wenn zum Beispiel die Baumchili nicht fruchten wollen: Wie einige andere tropischen Gewächse machen sie das nur bei Tagundnachtgleiche; und entschädigen uns, wenn wir sie nach der Septemberblüte und vor den ersten Nachtfrösten ins Haus holen, den ganzen Winter über mit köstlich dickfleischigen, scharfen Früchten. Wie die meisten Chili sind sie nämlich mehrjährige Pflanzen, die allerdings den Vorteil haben, mit weniger Wärme und Licht auszukommen – sie sind in dieser Hinsicht nämlich anspruchslos, während die übrigen Chilisorten nur an südseitigen Fenstern mit guter Wärme und ausreichender Luftfeuchtigkeit den Winter überstehen.

Hähnchenflügel in Chilimarinade

Ein Leckerbissen für den Sektempfang, der sich bequem, auch in feiner Kleidung, mit der Hand essen lässt. Natürlich auch eine pfiffige Idee fürs sommerliche Grillfest. Hähnchenflügel gibt es in jeder gut sortierten Tiefkühl-Abteilung.

Für 6 Personen:

1 Paket Hähnchenflügel (8 Stück)

Für die Würzpaste:

3 Knoblauchzehen,
1 TL gehackter Ingwer,
je 2 EL Sojasauce,
Sherry oder Reiswein,
Hühnerbrühe,
1/2 TL Zucker,
nach Belieben 1–4 rote und grüne Chilis

1

5

1 Knoblauch und Ingwer schälen und fein hacken. Die aufgetauten Hähnchenflügel gründlich waschen und gut abtrocknen. In einen Gefrierbeutel stecken.

2 Ingwer, Knoblauch, Sojasauce, Sherry oder Reiswein und Hühnerbrühe sowie Zucker und die fein gehackten Chilis verrühren und in den Beutel geben.

3 Den Beutel so verschließen, dass alle Luft herausgedrückt wird und die Hühnerteile von dieser Marinade vollkommen umhüllt sind.

4 Die Hähnchen in diesem Sud mindestens eine Stunde ziehen lassen.

5 Dann auf dem Grill oder auf dem Rost über der Fettpfanne im Backofen 15 bis 20 Minuten bei 220 Grad rösten.

Chiligarnelen aus dem Wok

Rasch zubereitet – mit Zutaten, die man im Vorrat parat halten kann. So steht im Handumdrehn ein fabelhaftes Essen auf dem Tisch. Daran denken: Als erstes den Reis aufsetzen – denn der braucht länger als die eigentliche Kocherei.

Für 4 Personen:

300 g Garnelenschwänze,
1 TL Speisestärke,
2–3 EL Öl,
1 EL Sesamöl,
je 1 TL gehackter Knobauch und Ingwer,
Salz,
Pfeffer,
1/2 TL Zucker,
100 g Bambussprossen,
1 rote Paprikaschote,
1 gute Hand voll verschiedene Chilisorten (ganz nach Belieben: scharf bis sanft),
2 EL Sherry,
2 EL Hühnerbrühe,
2 EL Sojasauce,
Thaibasilikum und Koriandergrün

2

4

1 Die Garnelen gründlich waschen, dabei längs aufschlitzen, den Darm entfernen. Gut abtrocknen, mit Stärke bestäuben und gut einmassieren.

2 Im Wok die beiden Ölsorten erhitzen, die Garnelen darin rasch unter Rühren auf starkem Feuer anbraten, dabei Knoblauch und Ingwer hinzu streuen und mit Salz, Pfeffer und Zucker würzen.

3 Jetzt nacheinander die vorbereiteten Gemüse zufügen: Bambus und Paprika in feinen Streifen, die Chilis ganz nach Belieben entkernt oder sogar mit den Kernen, in schmale Streifen oder gewürfelt.

4 Schließlich Sherry, Hühnerbrühe und Sojasauce angießen, einmal aufkochen. Zum Schluss reichlich Thaibasilikum unterrühren.

5 Das Koriandergrün erst kurz vor dem Servieren darüber streuen.

6 Dazu passt duftender, lockerer Thai-Reis.

Paprikamedaillons

Sie sehen witzig aus und verblüffen jeden: ein hübscher Imbiss oder eleganter Happen zum Glas Wein. Allerdings sollte man ihn auf einem Tellerchen servieren – mit einer Gabel.

Für 4 Personen:

4–6 helle Paprika (Ungarn oder Türkei),
4 Eier,
Salz,
Pfeffer,
4 Chilis (nach Belieben),
Kräuter,
Öl zum Braten

1

4

1 Die Paprika quer mit einem möglichst exakten Schnitt in zwei bis drei Zentimeter breite Streifen schneiden. Die Kerne entfernen.

2 Die Eier in einem Gefäß mit Ausgießschnauze verquirlen, mit Salz, Pfeffer und reichlich gehackten Chilis sowie Kräutern würzen.

3 Die Schnittfläche der Paprikaringe an einer Seite mit Ei einpinseln, mit dieser Seite in eine beschichtete Pfanne setzen, die ohne jedes Fett erhitzt wurde. Das ist wichtig, damit die Ringe jetzt am Pfannenboden fest kleben. So wird verhindert, dass die Eiermasse herausläuft, die jetzt eingefüllt wird. Jetzt erst das Öl zugeben.

4 Damit man die Eiermasse gut einfüllen kann, ist die Ausgießschnauze nötig! So viel in die Ringe gießen, bis sie oben bündig abschließen.

5 Zugedeckt auf sanftem Feuer stocken lassen.

CHILI-RELISH MIT ANANAS

Passt wunderbar zu gegrilltem Fleisch oder zu gebratenen Würstchen. Allerdings lässt sich diese Würzsauce nicht auf Vorrat produzieren. Sie schmeckt am allerbesten frisch!

Für 4 Personen:

1 kleine reife Ananas,
2 weiße Pfirsiche,
grüne und rote Chilis (nach Belieben),
je 1 TL fein gehackter Knoblauch und Ingwer,
1/2 TL Zucker,
Salz,
Pfeffer

1

3

1 Die Ananas schälen, den harten Strunk herausschneiden, das Fruchtfleisch halbzentimetergroß (beziehungsweise klein) würfeln.

2 Pfirsiche häuten – dafür zuvor mit kochendem Wasser überbrühen – entsteinen, das Fleisch ebenfalls klein würfeln.

3 Mit den winzig gewürfelten Chilis (nach Belieben entkernt), dem fein gehackten Knoblauch und Ingwer mischen, mit Zucker, Salz und Pfeffer würzen.

TIPP

Man kann die mittelgroßen roten oder grünen Serrano oder Jalapeño oder holländische Chilis zum Schärfen von allen möglichen Gerichten (klein geschnitten, entkernt und von den Scheidewänden befreit) verwenden. Mehr zu den einzelnen Chilischoten finden Sie *auf Seite 146.*

Chili-Tipps: Man kann...

1 ...die großen Dunkelgrünen mit einem gut gewürzten und eingeweichten Brötchen gelockerten Fleischteig (wie für Bouletten) füllen und im Ofen überbacken.

2 ...die schmalen Hellgrünen längs halbieren, jede Hälfte mit angemachtem Quark füllen, mit chiligewürztem Frischkäse oder mit Harzer-Roller-Butter: dafür 125 g zimmerwarmen Harzer Roller mit 125 g weicher Butter gründlich verkneten, dabei mit Salz, Pfeffer und etwas Kümmel würzen.

3 ...die höllisch scharfen Habaneros für die kompromisslosen Fans – nur aufgeschnitten zum Betupfen der Speisen – verwenden.

4 ...die Chilis in einer trockenen Pfanne rösten, bis ihre Haut rundum Blasen wirft und schwarz wird – die Chilis dann in einer Plastiktüte abkühlen und schwitzen lassen. Jetzt lässt sich die Haut mühelos abziehen. Die gehäuteten Chilis in einer Schüssel mit etwas Olivenöl marinieren: eine wohlschmeckende Beilage!

5 ...de Arbol, thailändische Vogelaugenchilis, Cayenne und Rocoto (Baumchili mit schwarzen Kernen) für fortgeschrittene Liebhaber, entkernt und gehackt oder in Streifen geschnitten, zu Salaten und Pfannengerichten verwenden.

6 ...die Schoten mit der Flamme eines Gas-Lötbrenners (Handwerksgeschäft) abflämmen, sodass man anschließend die Haut unter kaltem Wasser abwaschen kann – sieht toll aus und schmeckt besonders fein!

Indonesische Chilipaste (Sambal Badjak)

Für ein 400-g-Glas:

300 g entkernte rote Chilischoten,
3 große rote Zwiebeln,
5 Knoblauchzehen,
1–2 EL getrocknete Shrimps oder Shrimpspaste,
4 EL Öl,
1 EL brauner Zucker,
1 Tasse Kokosmilch

1 Chilis, Zwiebeln und Knoblauch entweder von Hand fein hacken oder im Zerhacker nicht zu fein zerkleinern, dabei die Shrimps mitmixen.

2 Das Öl im Topf erhitzen, das zerkleinerte Gemüse zufügen und leise anbraten. Nach etwa einer halben Stunde mit Zucker bestreuen, sobald dieser karamellisiert, mit Kokosmilch ablöschen.

3 Etwa eine Viertelstunde köcheln, bis die Paste schön dick geworden ist. Heiß in ein oder mehrere Gläser abfüllen und abkühlen lassen.

Chili-Würzöl

Für 4–6 Personen:

1 Hand voll getrocknete Chilis,
2 große rote Zwiebeln,
1/4 l Öl,
3–4 Knoblauchzehen,
2 EL getrocknete Garnelen,
Salz

1 Chilis zerbröseln, Zwiebeln fein hacken. Im heißen Öl sanft so lange auf mildem Feuer rösten, bis die Zwiebeln weich sind – das dauert etwa eine Stunde.

2 Knoblauch fein würfeln und zusammen mit den Garnelen nach einer halben Stunde zufügen, erst zum Schluss salzen.

3 Die festen Bestandteile mit einer Gabel zerdrücken. Das Chiliöl abkühlen lassen und in Twist-off-Gläser füllen.

TIPP

Als Tischwürze verwenden oder als Gewürz beim Pfannenrühren.

Asienduftende Chilisauce

Für ein 400-g Glas:

1 große Zwiebel,
4–6 Knoblauchzehen,
2 EL Öl,
1 daumengroßes Stück Ingwer,
2 EL brauner Zucker oder Palmzucker,
1 Pflaume,
1 Pfirsich,
1/8 l Wasser,
200 g frische rote Chilis

1 Zwiebel und Knoblauch schälen, würfeln und im heißen Öl kräftig anbraten. Die Zwiebeln dürfen dabei ruhig appetitlich bräunen.

2 Ingwer schälen, würfeln und zufügen. Mit Wasser ablöschen, Zucker zufügen, ebenso die geschälten, grob gehackten Früchte und Chilis.

3 Zugedeckt eine halbe bis ganze Stunde weich kochen. In einem Sieb abtropfen – den Sud anderweitig verwenden.

4 Zwiebeln und Chilis im Mixer pürieren. Falls die Paste jetzt zu fest sein sollte, so viel vom Sud zufügen und mitmixen, bis die Paste die richtige Konsistenz erreicht hat.

5 Heiß in ein Glas abfüllen und gut verschlossen kalt stellen.

Wiener Knödelküche

Knödel sind immer eine runde Sache!

Beim Stichwort »Wien« hat man ja schon gleich die ganze, große, bunte Palette der Wiener Küche vor Augen respektive auf der Zunge. Wien bedeutet Mehlspeisenglück, Rindfleischparadies, ein Königreich für Knödelfans. Heute wollen wir uns nur mit Knödeln beschäftigen und zeigen, mit welcher Bandbreite Österreich da aufwartet. Knödel in der Hauptrolle, nicht nur als begleitende Beilage.

Österreich – Küche, Land und Leute

Wir haben uns fast zwei Jahre sehr intensiv mit Österreich, dem Land, seiner Küche, den Weinen, der Geschichte und mit den Menschen beschäftigt und ein Buch darüber geschrieben: »Österreich – Küche, Land und Leute«, (ebenfalls erschienen im Droemer Verlag, München). Wir haben das Land schon vorher geschätzt, aber erst jetzt so richtig erkannt und gesehen, wie vielfältig, wie unglaublich interessant es ist. Wir waren begeistert von den Produkten, von der Ursprünglichkeit und Wahrheit der Landschaft wie der Menschen.

Wir haben uns dafür in einfachen Weinschenken wie in Luxusrestaurants umgeschaut und reichlich gefunden – von der traditionell deftigen Landeskost bis zu den kühnen Kreationen großer Küchenchefs. Wir haben ausführlich die Weine der verschiedenen Regionen probiert, natürlich die besten Produkte und die örtlichen Spezialitäten – und zwar immer in Verbindung mit den Menschen, die ihre Heimat und ihre Erzeugnisse lieben und selbst am besten erklären können.

Österreich – wir haben eine kulinarische Landschaft von unglaublichem Reichtum vorgefunden. Eine Schatzkiste voller Überraschungen für alle Feinschmecker, die das Wahre und Unverfälschte lieben. Ein Paradies für Menschen, die auch bei den einfachen Dingen höchste Maßstäbe anlegen.

Das Qualitätsbewusstsein unserer Nachbarn ist hoch: Direktverkauf vom Bauernhof, eine stark biologisch orientierte Landwirtschaft, kluge Lebensmittelgesetze und Produktionsvorschriften sowie ein nach den Skandalen der 80er Jahre heute mustergültiges Weingesetz garantieren ein bei uns nicht geahntes Niveau.

Hausfrauenküche im allerbesten Sinn!

Österreichs Küche ist – trotz des berühmten Küchenmeisters Franz Ruhm, dessen Buch in kaum einem österreichischen Haushalt fehlen dürfte – von Frauen geprägt. Eine Hausfrauenküche, die weniger von der Kreativität als von der Erfahrung lebt. Was denn auch ein Grundproblem der Nachkochbarkeit österreichischer Rezepte ist: Weder schriftlich noch bildlich lassen sich die Qualitätsunterschiede festhalten, die ein und dasselbe Gericht kennzeichnen, je nachdem, ob es von einer erfahrenen Hausfrau oder einer Anfängerin zubereitet wurde! Die genaue Beschaffenheit eines Gerichts hängt nicht nur von der Menge der Zutaten und deren Qualität ab, sondern noch mehr von dem Fingerspitzengefühl und dem Geschick, mit dem es ausgeführt wird.

Ob Nocken, Nudeln oder Knödel, eine leichte Mehlschwitze oder eine intensive Gulaschsauce: Was in den Familien in Generationen erlernt wurde, kann man nicht einfach nachkochen. Wie oft haben wir sogar gehört: »So wie bei der Mutter schmeckt es einfach nicht, auch wenn ich alles genauso mache!«

Köchinnen stehen in den Gasthäusern der vom Tourismus noch nicht so heimgesuchten Regionen am Herd, die Berufsköche mehr in dessen Hochburgen, wo dann eher langweilige Lehrmeinung, geplante Routine, berechnende Sparsamkeit herrscht. An den Seen des Salzkammerguts und Kärntens, in den Wintersportgebieten und in den überlaufenen Tälern Tirols isst man daher weitaus weniger gut und authentisch als in den abseits gelegenen Regionen des Wald- und Innviertels, im Rebland der Steiermark oder im südlichen Burgenland.

Bodenständigkeit bringt Qualität

Viele Österreicher sind kritische Genießer und stellen höchste Ansprüche an die Qualität der Zutaten und gute handwerkliche Verarbeitung. Die Bauern liefern reichlich Material dafür: 18 Prozent der landwirtschaftlichen Fläche werden nach Bio-Methoden bewirtschaftet – bei uns in Deutschland sind es gerade mal eben zwei Prozent! Und der Einkauf auf dem Bauernhof oder im Naturkostladen ist selbstverständlich – in keinem Dorf fehlen Hinweisschilder auf Direktverkauf. Auch die guten Kaufhäuser und Läden in den Städten führen Produkte aus bäuerlicher Produktion, die Namen der Hersteller werden ausgewiesen!
Die Qualität individueller, artgerechter und überlieferter Produktion wird hoch geschätzt, und man ist gerne bereit, sie teurer zu bezahlen als Massenware.

Wer kundig einkauft, isst auch kritisch: In der steirischen Buschenschank genießt man das hausgemachte Verhackerte zum frischen Schilcher mit derselben Hingabe und Aufmerksamkeit wie die kunstvollen Kreationen in einem Luxusrestaurant. Dabei sinkt aber niemand vor dem Namen des Kochs und der Benennung eines Gerichtes in die Knie, sondern geht der Wahrheit des Geschmacks auf den Grund. Dass dabei geschmacklich erprobte Speisen neuen, noch unbekannten Kombinationen vorgezogen werden, erklärt das Beharren der meisten österreichischen Gourmets auf traditionellen Zubereitungsweisen.

TIPP

Man kann für Gäste die Knödel bereits fix und fertig formen und auf einem Tablett bereit stellen. Kurz bevor serviert werden soll, sie im Salzwasser gar ziehen lassen und so absolut frisch servieren. Den Probeknödel natürlich auch in diesem Fall nicht vergessen!

SPINATKNÖDEL

Ein Rezept, das beweist, wie sehr Österreich von seinen Nachbarländern beeinflusst ist – die locker-duftigen Knödel könnten ebenso gut aus Südtirol stammen, mit der südländischen Salbeibutter dazu allemal! Dafür werden die zerzupften oder in Streifen geschnittenen Salbeiblätter in heißer Butter kurz angeröstet, wie man das aus Italien kennt.

Für 4–6 Personen:

150 g altbackenes, entrindetes Toastbrot,
1/16 l Milch,
1 kg Spinat,
Salz,
2–3 Schalotten,
3 EL Butter,
1 Knoblauchzehe,
1 Ei,
2 EL griffiges Mehl,
3–4 EL Semmelbrösel,
Pfeffer,
Muskat

Außerdem:

Butter,
Salbeiblätter,
frisch geriebener Parmesan

2

6

1 Das Brot zentimetergroß würfeln – wenn man es kurz anfriert, krümelt es sich nicht so sehr. Mit der warmen Milch vorsichtig befeuchten und ziehen lassen.

2 Inzwischen den Spinat putzen, verlesen, Stiele entfernen. Die Blätter sorgfältig mehrmals waschen. Schließlich in einem großen Topf mit Salzwasser einmal aufwallen lassen (blanchieren), in Eiswasser abkühlen, gut abtropfen und durch den Wolf drehen (faschieren) oder mit einem großen Messer sehr fein hacken.

3 Die Schalotten fein würfen, in Butter andünsten dabei die durchgepresste Knoblauchzehe zufügen. Schließlich den Spinat untermischen.

4 Das Ei sowie das Mehl mit den eingeweichten Semmeln und Spinat mischen und so viel Brösel beigeben, bis der Teig schön formbar ist. Salzen, pfeffern, mit Muskat abschmecken.

5 Den Spinatknödelteig jetzt unbedingt eine halbe Stunde gut durchziehen lassen. Erst dann tischtennisballgroße Knödel daraus formen und in Salzwasser etwa 10 bis 15 Minuten ziehen lassen. Achtung: unbedingt einen Probeknödel kochen, um zu prüfen, ob der Knödel auch zusammenhält. Löst er sich im Wasser auf, müssen noch mehr Semmelbrösel in den Teig gearbeitet werden.

6 Mit Salbeibutter servieren und mit frisch geriebenem Parmesan bestreuen.

Gefüllte Kartoffelknödel mit warmem Krautsalat

Für diesen Kartoffelteig ist es wichtig, dass die Kartoffeln heiß passiert und sehr schnell verarbeitet werden. Und noch eins trägt zum Gelingen bei: das in Österreich übliche, so genannte griffige Mehl. Es hat eine griffigere Struktur als unser »glattes« Mehl und klebt daher weniger.

Für 4–6 Personen:

1 kg sehr mehlige Kartoffeln,
Salz, 2 EL Speisestärke,
1 Eigelb, griffiges Mehl

Fleischfüllung:

600 g durchgedrehtes Schweinefleisch (es können Abschnitte sein: vom Rücken, Schulter, Spitze oder das »Ketterl«, der Seitenstrang, vom Filet) oder einfach Schweinehackfleisch,
2 Zwiebeln,
2–3 Knoblauchzehen,
2 EL Schmalz,
Salz, Pfeffer,
1 TL getrockneter Majoran,
Muskatblüte

Warmer Krautsalat:

1 junger Weißkohl (ca. 1 kg),
Salz,
50 g Speck in dünnen Scheiben,
1 TL Kümmel,
3 EL aromatischer Essig (z.B. Apfelessig),
Pfeffer,
Öl (z.B. Sonnenblumen- oder Mohnöl)

2

5

1 Die Kartoffeln mit Schale kochen, pellen und sofort durch die Presse drücken. Salzen, Stärke und Ei zufügen, mit einem Holzlöffel zum glatten Teig mischen.

2 Sobald man den Teig gut anfassen kann, zu einer Rolle formen und Scheiben davon abschneiden.

3 Für die Füllung das Fleisch, falls nötig, durch die grobe Scheibe des Fleischwolfs drehen. Dann fein gewürfelte Zwiebeln und Knoblauch im heißen Schmalz andünsten, das Fleisch zufügen und krümelig braten. Salzen, pfeffern, mit Majoran und Muskatblüte würzen. Sehr kräftig abschmecken.

4 Jeweils einen Esslöffel dieser Füllung auf ein flach gedrücktes Teigstück setzen, zusammenschlagen, rund formen, dabei die Hände immer wieder in griffiges Mehl tauchen, damit nichts klebt. Diese Knödel in Salzwasser etwa 15 bis 20 Minuten garziehen lassen.

5 Für den Krautsalat den Kohlkopf halbieren, dann vierteln. Jeweils das Strunkherz herausschneiden. Die Viertel in feine Streifen hobeln.

6 Die Kohlstreifen in Salzwasser kurz blanchieren, noch warm anmachen: Dafür den Speck winzig klein würfeln und sanft auslassen, den Kümmel zufügen, mit Essig ablöschen, sparsam salzen und reichlich pfeffern. Über das Kraut gießen, Öl zufügen und alles gründlich mischen. Vor dem Servieren durchziehen lassen.

SPECKKNÖDEL AUF GEDÜNSTETEM SAUERKRAUT

Ein herzhaftes und deftiges Essen, das durch die Säure vom Kraut jedoch eine gewisse Leichtigkeit bekommt. Das Sauerkraut schmeckt am besten, wenn man es lose einkauft – beim Metzger oder im Reformhaus. In der Dose ist es meist bereits nach einem anderen Rezept zubereitet und gekocht.

Für 4–6 Personen:

250 g altbackenes Hausbrot (Graubrot),
ca. 1/8 l Milch,
1 Ei,
Salz,
Pfeffer,
2–3 EL griffiges Mehl,

Füllung:

200 g luftgetrockneter Bauchspeck in dünnen Scheiben,
Pfeffer,
2 Bund Schnittlauch

Sauerkraut:

50 g Speck,
1 Zwiebel,
1 Knoblauchzehe,
1 EL Schweineschmalz,
1 kg Sauerkraut
Salz,
Pfefferkörner

3

5

1 Das Brot in zentimeterkleine Würfel schneiden, in einer Schüssel mit der Milch beträufeln, das Ei untermischen, salzen und pfeffern. Nur einen Hauch Mehl darüber stäuben und alles gut mischen. Zugedeckt eine Stunde ruhen lassen.

2 Inzwischen für die Füllung den Speck winzig klein würfeln. Mit Pfeffer und in feine Röllchen geschnittenem Schnittlauch mischen. Haselnussgroße Kügelchen daraus formen und kalt stellen.

3 Den Knödelteig auf einer bemehlten Arbeitsfläche zu einer Rolle formen, Scheiben davon abschneiden und flach drücken. Je eine Speckkugel darin einwickeln. Die Knödel zwischen den angefeuchteten Handflächen glatt und rund formen, in Salzwasser etwa 10 bis 15 Minuten garziehen lassen.

4 Für das Kraut den Speck klein würfeln, in einem breiten Topf, der eine große Bodenfläche bietet, auslassen, die gewürfelte Zwiebel, den durchgepressten Knoblauch zufügen und das Schmalz. Erst wenn die Zwiebeln weich geworden sind – nicht braun! –, das zerzupfte Kraut untermischen. Mit Wasser bedecken. Salzen, die Pfefferkörner zufügen. Sanft etwa 20 Minuten köcheln.

5 Die Knödel auf einem Bett von Sauerkraut servieren. Wichtig: Wenn das Kraut sehr sauer ist, muss man es in einem Sieb unter lauwarmem Wasser auswaschen – allerdings nicht zu lange, sonst schmeckt das Kraut nach gar nichts mehr!

TOPFENKNÖDEL MIT BIRNENSAUCE

Besonders appetitlich wirkt folgende Dekoration: Die Birnensauce als Spiegel auf den Teller gießen. Mit Himbeersauce rundherum Tupfen setzen und mit einem Zahnstocher Schlieren ziehen. Die Knödel in die Mitte setzen, mit Melisse- oder Minzeblättchen schmücken.

Für 4–6 Personen:

400 g Topfen (beziehungsweise Schichtkäse 20%),
30 g Butter,
30 g Zucker,
2 Eier,
1 Eigelb,
das Mark einer halben Vanillestange,
eine Prise Salz,
etwas abgeriebene Zitronenschale

Außerdem:

70 g Butter,
1 EL Zucker,
70 g Weißbrotbrösel,
70 g gemahlene Haselnüsse

Birnensauce:

4 reife, aromatische Birnen,
Saft einer Zitrone,
3–4 EL Zucker,
2 EL Birnengeist

1 Topfen oder Schichtkäse über Nacht in einem Tuch über dem Spülbecken oder über einer Schüssel hängend abtropfen lassen. Schichtkäse, der sehr bröckelig ist, muss dann im Mixer aufgeschlagen werden, bis alle Klümpchen zerkleinert sind.

2 Die zimmerwarme Butter und den Zucker in einer vorgewärmten Rührschüssel mit dem Schneebesen schaumig rühren, nach und nach die Eier, das Eigelb sowie die Gewürze zufügen.

3 Unter die Butter-Eier-Creme den glatt gerührten Topfen (Schichtkäse) und Weißbrotbrösel untermischen. Diese Masse 20 Minuten ruhen und quellen lassen.

4 Schließlich tischtennisballgroße Knödel daraus formen, in leicht wallendem Salzwasser 10 Minuten pochieren. Die Knödel mit einer Schaumkelle herausheben und gut abtropfen lassen.

5 Zum Servieren die Butter in einer Pfanne erhitzen, ein wenig Zucker zufügen und karamellisieren, schließlich die Weißbrotbrösel und die geriebenen Haselnüsse zufügen und mitrösten.

6 Die Topfenknödel darin wälzen und sofort mit Birnensauce servieren.

7 Für die Birnensauce die Früchte in Stücke schneiden, mit Zitronensaft, Zucker und Birnengeist zugedeckt weich kochen. Durch ein Sieb passieren, abschmecken. Gekühlt zu den warmen Topfenknödeln servieren.

Lungenstrudel

Die österreichische Küche ist voller Überraschungen: Ein Lungenbraten hat mit Innereien nichts zu tun, es ist vielmehr das edelste Stück vom Rind, das Filet, aber in einem Lungenstrudel ist durchaus Lunge drin. Wer keine Lunge mag, füllt den Strudel mit Kraut (siehe S. 152) oder einem anderen Gemüse.

Für 8 Personen:

200 g glattes Mehl,
1 EL Öl,
ca. 1/8 l lauwarmes Wasser,
Salz,
Mehl für die Arbeitsfläche

Lungenfüllung:

300 g Kalbslunge,
1 Kalbsherz,
1 Bund Suppengrün,
2 Thymianzweige,
1 TL Pfefferkörner,
1 Lorbeerblatt,
Salz,
2 EL Butter,
1 Zwiebel,
Petersilie,
Majoran,
Pfeffer aus der Mühle,
2 Eier,
2 EL Semmelbrösel,
Butter,
1 Eigelb,
2 EL Sahne

1 Mehl auf die Arbeitsfläche häufen, die übrigen Zutaten zufügen und zuerst mit einer Gabel, dann mit den Händen zu einem weichen Teig kneten. Unter einer mit heißem Wasser ausgespülten Schüssel eine halbe Stunde ruhen lassen.

2 Für die Füllung Lunge und Herz mit dem zerkleinerten Suppengrün, den Thymianzweigen, Pfefferkörnern und Lorbeerblatt mit Salzwasser bedeckt eineinhalb bis zwei Stunden zugedeckt weich kochen – eventuell die Lunge mit einer Untertasse beschweren, damit sie nicht immer aus dem Wasser herausschaut. Die abgekühlten Innereien putzen und schließlich durch den Fleischwolf drehen. Mit einer fein gewürfelten, in heißer Butter angedünsteten Zwiebel und fein gehackter Petersilie mischen und kräftig mit Majoran und Pfeffer würzen. Sobald alles abgekühlt ist, die Eier unterrühren und mit Semmelbröseln binden.

3 Den Strudelteig auf einem bemehlten Tuch vorsichtig ausziehen, mit flüssiger Butter einpinseln, dann die Füllung darauf so verteilen, dass ein Drittel der Fläche frei bleibt. Mit Hilfe des Tuchs den Strudel aufrollen, die freigehaltene Fläche soll der Abschluss sein und den Strudel zusammenhalten. Auf ein mit Backpapier belegtes Blech setzen, Naht nach unten, mit Butter einpinseln, schließlich bei 170 Grad im Backofen etwa 45 bis 50 Minuten backen; nach der halben Zeit mit Eigelb einpinseln, das mit etwas Sahne verquirlt wurde, damit der Strudel hellbraun und knusprig wird.

TIPP

Der Lungenstrudel ist natürlich frisch aus dem Ofen ein wunderbares Essen, mit einem Salat etwa. Was übrig bleibt, wird dann am nächsten Tag in der goldgelben Fleischbrühe als Suppeneinlage serviert.

Ziegenkäsknödel mit Brennnesselspinat

Bei keinem Knödel darf man den Probeknödel vergessen: Einen kleinen Knödel formen und im leise siedenden Wasser gar ziehen lassen. Fällt er dabei auseinander muss mehr Mehl und/oder Brösel in den Teig eingearbeitet werden. Wirkt er zu hart und fest, mit etwas saurer Sahne auflockern.

Für 4 Personen:

40 g Butter,
1 Ei,
1 Eigelb,
300 g Ziegenfrischkäse,
40 g Mehl,
60 g Brösel von frischem entrindeten Weißbrot,
Salz,
Pfeffer,
4 EL Butter,
1 Hand voll Bärlauchblätter

Brennnesselspinat:

500 g junge Brennnesselblätter,
Salz,
1 Zwiebel,
2 EL Butter,
4 EL Sahne,
Pfeffer,
Muskat

1 Die zimmerwarme Butter mit dem Schneebesen schaumig rühren, nach und nach das ganze Ei und Eigelb zufügen. Schließlich den durch ein Sieb gestrichenen Frischkäse, Mehl und Brösel einarbeiten. Mit Salz und Pfeffer abschmecken. Eine halbe Stunde ruhen und quellen lassen. Dann kleine Knödel formen und 15 Minuten in sanft wallendem Salzwasser gar ziehen lassen. (Vorher den Probeknödel nicht vergessen!)

2 Für den Spinat die Brennnesseln in Salzwasser sekundenlang blanchieren, eiskalt abschrecken und gut ausdrücken. Eine fein gewürfelte Zwiebel in Butter weich dünsten, die zerzupften Blätter zufügen und mischen. Den Rahm angießen und kräftig würzen.

3 Die Knödel auf Tellern anrichten, mit hellbrauner Butter übergießen, in der die in Streifen geschnittenen Bärlauchblätter geschwenkt wurden, und zusammen mit dem Brennnesselspinat servieren.

Spinatnocken

Ursprünglich ein Arme-Leute-Essen – aber inzwischen längst zum Lieblingsgericht geworden. Je mehr Eier übrigens in den Teig eingearbeitet sind, desto duftiger, lockerer und größer werden die Nockerl. Sie kommen heiß auf Tisch, unbedingt zusammen mit einer großen Schüssel Salat!

Für 4–6 Personen:

500 g Spinat,
Salz,
Pfeffer,
3 Eier,
400 g Mehl,
ca. 1/4 l Milch,
1 Zwiebel,
50 g Butter,
1/8 l Sahne,
frisch geriebener Käse

1 Den Spinat in Salzwasser blanchieren, gut ausdrücken, im Mixer fein pürieren, dabei salzen, pfeffern, die Eier zufügen, das Mehl und so viel Milch, dass eine Art Spätzleteig entsteht.

2 Diesen zähen, nicht zu flüssigen Teig mit Hilfe einer Spätzlepresse oder einem Spätzlesieb in kochendes Wasser geben.

3 An der Oberfläche schwimmende Nocken sind gar. In einer großen Schüssel mit heißem Wasser sammeln, bis alle Spätzle fertig sind. Dann durch ein Sieb abgießen – so bleibt gesichert, dass die Spätzle nicht zusammenkleben.

4 Zum Servieren eine fein gewürfelte Zwiebel in heißer Butter dünsten, mit Sahne etwas einkochen, die Spinatnocken darin schwenken und mit reichlich Pfeffer und geriebenem Käse würzen.

PRESSKNÖDEL AUF FRISCHEM KRAUTSALAT

Eine Tiroler Spezialität, die immer wieder anders schmeckt, je nach Köchin und nach Vorrat. Das Originalrezept sieht Graukäs vor, eine auch in Österreich seltene, höchstens in Tirol gebräuchliche Art von Käse aus Magermilch. Man kann aber auch Bergkäse nehmen, oder eine Mischung aus Käseresten.

Für 6 Personen:

200 g Knödelbrot (altbackene Semmeln in dünnen Scheiben),
ca. 1/10 l lauwarme Milch,
250 g gekochte Kartoffeln,
2 Eier,
2 EL Mehl,
150 g geriebener Bergkäse,
Salz,
Pfeffer,
Muskat,
Liebstöckel,
Öl zum Braten

Krautsalat:

800 g Weißkraut,
2 EL Butter,
1/8 l Weißwein,
Salz,
Pfeffer,
Basilikumblätter

1 Das Knödelbrot mit Milch anfeuchten und durchziehen lassen.

2 Die Kartoffeln reiben, mit den Eiern, Mehl und Käse untermischen. Die Masse mit Salz, Pfeffer, Muskat und fein geschnittenem Liebstöckel würzen. Flache Küchlein (Bouletten) formen, in heißem Öl (neutrales Pflanzenöl), auf beiden Seiten schön knusprig braten.

3 Das Weißkraut fein hobeln, in heißer Butter andünsten, mit Wein benetzen, salzen und pfeffern. Nur kurz köcheln, es muss unbedingt Biss behalten! Fein geschnittenes Basilikum unterrühren.

TIPP

Üblicherweise serviert man Pressknödel in einer Suppe, einer kräftigen, klaren Brühe. Sie schmecken aber auch auf lauwarmem Krautsalat oder im Sauerkraut.

Schlipfkrapfen

Man könnte sagen: die Tiroler Variante der Ravioli. Mit einer Füllung aus Quark (Topfen) und Kartoffeln. Den kräftigen Graukäse mit seinem intensiven Geschmack, der eigentlich hineingehört und den man nur selten bekommt, wird man bei uns durch einen anderen würzigen Käse ersetzen. Zum Beispiel durch einen herzhaften Gorgonzola oder einen gut gereiften Taleggio.

Für 4–6 Personen:

150 g Weizenmehl,
150 g Roggenmehl,
Salz,
1/4 l Wasser,
Butter und geriebener Käse zum Bestreuen

Kartoffelfüllung:

200 g gekochte Kartoffeln,
150 g Topfen (Magerquark),
100 g Graukäse,
2 EL Butter,
1 Zwiebel,
Majoran

1 Aus Mehl, Salz und so viel Wasser wie nötig, einen festen Teig kneten. Zur Rolle formen und eine halbe Stunde ruhen lassen.

2 Scheiben davon abschneiden, mit dem Nudelholz dünn ausrollen, jeweils einen Löffel Füllung darauf setzen, zusammenklappen und halbmondförmige Krapfen ausstechen. Die Ränder gut zusammendrücken. In Salzwasser sanft ziehen lassen, bis die Krapfen oben schwimmen. Mit brauner Butter und geriebenem Käse servieren.

3 Für die Füllung die Kartoffeln noch heiß durch die Presse drücken, mit Topfen, zerbröseltem Käse und fein gewürfelter, in Butter weich gedünsteter Zwiebel mischen. Mit reichlich Majoran würzen.

Schokoladentüte mit Nougatfüllung

Ein aufwendiges Dessert aus der feinen Wiener Mehlspeisenküche. Man muss ein wenig Geduld und Fingerfertigkeit dafür mitbringen. Aber dann entsteht eine Süßspeise, für die man Sie küssen wird!

Für 4 Personen:

100 g Kuvertüre,
2 Eigelb,
50 g Zucker,
50 g Nougat,
3 EL Kirschwasser,
Sahne nach Belieben,
20 g Schokoraspeln

1 Zuerst die Schokoladentüten herstellen: Die Kuvertüre behutsam schmelzen, bis sie richtig flüssig geworden ist. Aus Pergamentpapier 4 kleine Tüten anfertigen, die flüssige Schokolade einfüllen, die Tüten schwenken, damit sie überall von Schokolade überzogen sind, mit der Öffnung nach unten über einem Blech abstellen und abtropfen sowie eine Stunde lang fest werden lassen.

2 Für die Nougatfüllung die Eigelb im heißen Wasserbad dick und hell schlagen, dabei den Zucker einarbeiten. Den Nougat stückchenweise zufügen sowie das Kirschwasser und so lange im Wasserbad schlagen, bis der Nougat geschmolzen ist und sich mit der Eiermasse verbunden hat. Abkühlen lassen, dann steif geschlagene Sahne und Schokostreuseln unterziehen.

3 Diese Masse in die Schokotüten füllen, sie mit der Spitze nach unten über Nacht im Gefrierer fest werden lassen.

4 Zum Servieren das Papier ablösen, auf einer Fruchtsauce (zum Beispiel aus Himbeeren, Erdbeeren) und halbsteif geschlagener Sahne anrichten.

PREISELBEERSCHMARRN

Mit Äpfeln oder auch einfach nur mit Zimt und Zucker ist so ein Schmarrn schon allein ein Vergnügen – die herben Preiselbeeren machen jedoch aus dem wandlungsfähigen Gericht ein besonderes Vergnügen. Natürlich kann man sich das Vanille-Eis dazu sparen – aber gerade der Kontrast von heiß und eiskalt macht den Reiz aus!

Für 4–6 Personen:

200 g Mehl,
1/2 l Milch,
Schale und Saft von je
1 Zitrone und 1 Orange,
8 Eier,
1 Prise Salz,
2–3 EL Zucker,
2–4 EL Butter,
4–6 EL eingemachte Preiselbeeren (siehe Tipp),
4–6 EL Puderzucker

Vanilleeis:

1/2 l Milch,
1 Vanilleschote,
1/8 l Sahne,
4 Eigelb,
1 ganzes Ei,
125 g Zucker

1 Mehl und Milch glatt quirlen, dabei mit Zitronen- und Orangensaft und -schale würzen. Eier, Salzprise und Zucker nach Geschmack mit dem Löffel unterrühren, nicht mit dem Schneebesen arbeiten, sonst wird die Masse zu schaumig.

2 In einer eisernen, ausreichend großen Pfanne – sie sollte nicht mehr als zentimeterhoch mit Schmarrnteig gefüllt werden, sonst lieber portionsweise arbeiten! – etwas Butter haselnussbraun werden lassen. Schmarrnteig einfüllen, im 200 Grad heißen Ofen aufgehen lassen. Erst dann pro Portion einen Löffel Beeren darauf verteilen, mit Puderzucker bestäuben und noch einmal im Ofen kurz karamellisieren, bevor der Schmarrn mit zwei Gabeln zerrissen wird.

3 Für das Vanilleeis die Milch aufkochen, die Vanilleschote darin ziehen lassen, das Mark herauskratzen und in die Milch rühren. Die Sahne zufügen und erneut aufkochen. Eigelb und ganzes Ei mit dem Zucker im Wasserbad heiß und dick schlagen, die kochende Vanillemilch unterrühren. Kalt schlagen und in der Eismaschine gefrieren.

TIPP

Die Preiselbeeren macht man natürlich am allerbesten selber ein. Rohe Beeren mit der gleichen Menge Zucker in der Küchenmaschine rühren, bis der Zucker völlig aufgelöst ist. In peinlich saubere Schraubgläser füllen, nach 14 Tagen erst verwenden. Stets kühl aufbewahren – so bleiben die Beeren frisch!

Griessknödel mit Zwetschgenröster

Zwetschgenröster nennt man in Österreich ein Kompott aus frischen, reifen Zwetschgen. Dafür muss man die entsteinten Früchte nur grob zerschneiden und mit etwas Zucker und einer Zimtstange so lange leise köcheln, bis die Fruchtstücke zerfallen sind.

Für 4–6 Personen:

1/2 l Milch,
125 g Butter,
Zesten (Schalenstreifen) von je 1 Orange und Zitrone,
1 Vanilleschote,
1/4 Zimtstange,
Salz,
140 g feiner Weizengrieß,
2 Eigelb,
1 ganzes Ei,
125 g Semmelbrösel,
100 g Butter,
100 g geriebene Haselnüsse,
1/4 TL Zimt,
3 EL Zucker

1 Milch mit der Butter aufkochen, dabei die Zesten, Vanille und Zimt sowie die Salzprise zufügen.

2 Nach zehn Minuten die Gewürze entfernen, die Milch erneut aufkochen, jetzt den Grieß einrieseln lassen. Einmal aufwallen, dann bei 100 Grad im Backofen behutsam ausquellen. Diese Masse schließlich abkühlen, nach und nach Eigelb und das ganze Ei einarbeiten.

3 Tischtennisballgroße Knödel aus dem Grießteig formen, sie in Salz- oder nach Belieben auch Zuckerwasser gar ziehen lassen.

4 Die Knödel jetzt jedoch auf keinen Fall mehr stehen lassen, sofort in gerösteten Butterbröseln wenden, die mit Haselnüssen vermischt und mit Zimt und Zucker gewürzt sind.

WINTER

Winter

Weihnachten steht vor der Tür. Jetzt kommt die Zeit, in der die ganze Wohnung verheißungsvoll nach Zimt und Nelken duftet. Hoffentlich finden all die Ungeduldigen, die nicht warten können, nicht das Versteck der Plätzchendose. Es wäre doch schade, wenn die Teller unterm Weihnachtsbaum leer blieben... Hier eine Auswahl von Ideen für die Weihnachtsbäckerei, fürs Weihnachtsmenü und Silvesterbuffet. Und, weil so viel Festefeiern Lust auf Simples macht: Neue Rezepte für Kartoffeln!

Weihnachtsbäckerei

Man sollte sich gleich zu Beginn des Dezember mit der Weihnachtsbäckerei beschäftigen, denn bestimmte Gebäcke brauchen einfach einige Zeit, um richtig mürbe zu werden, durchzuziehen und essfertig zu werden. Allen voran ist das der Stollen, der erst nach drei Wochen so richtig saftig und würzig ist. Er sollte also das allererste Produkt unserer Weihnachtsbäckerei sein.

Wie bleiben die Plätzchen bis Weihnachten frisch?

Es ist immer eine Streitfrage: wann gibt es die fertigen Plätzchen? Darf man schon in der Adventszeit davon naschen oder kommen sie tatsächlich erst am Heiligen Abend auf den Tisch?
Viele Plätzchen kann man gar nicht frisch essen – sie müssen erst noch mürbe werden, wären also frisch gebacken noch viel zu hart. Oder sie müssen fest werden, sind nach dem Backen noch zu weich. Deshalb sind die Lagerbedingungen unterschiedlich.
Unsere Mürbteigplätzchen sollen knusprig bleiben, sie müssen also so luftdicht wie möglich aufbewahrt werden. Dafür sind entweder gut schließende Blechdosen geeignet, oder, falls man so etwas nicht hat, Schachteln, die mit Plastikfolie ausgelegt sind und über den Plätzchen so luftdicht wie nur möglich verschlossen werden.

Mürbteigplätzchen

Aus dem gleichen Teig, aus dem die Engadiner Nusstorte entsteht, lässt sich eine ganze Auswahl verschiedenster Plätzchen backen. So hat man mit einem Aufwand gleich einen hübschen Vorrat für den Bunten Teller. Zum Beispiel:

Geleetaler

Den Teig 5 mm dick ausrollen, Kreise ausstechen, mit Eigelb bestreichen, mit ein paar Hagelzuckerkörnchen bestreuen und backen. Jeweils zwei mit Johannisbeergelee zusammensetzen.

Schokosterne

Den Teig ausrollen, Sterne ausstechen und backen. Die Sterne halb in flüssige Schokolade tauchen und auf einem Kuchengitter trocknen lassen. Nach Belieben mit Liebesperlen bestreuen.

Mandelherzen

Den Teig ausrollen, Herzen ausstechen, mit Eigelb einpinseln und mit Mandelblättchen bestreuen. Man kann auch über fertig gebackene, mit Zuckerguss eingepinselte Plätzchen Liebesperlen und anderen Zierrat streuen und erzielt so noch weitere Variationen.

Engadiner Nusstorte

Schmeckt ebenfalls um so besser, je länger sie hat durchziehen können und ist ein umwerfender Weihnachtskuchen. Er muss nach dem Auskühlen in Alufolie oder eine fest schließende Blechdose verpackt werden. So bleibt er einige Wochen saftig und frisch. In jedem Fall vor dem Anschneiden eine Woche durchziehen lassen.

Für eine Springform:

Mürbteig:
350 g Mehl,
250 g Butter,
200 g Zucker,
1 Prise Salz,
1 Ei

Nussfüllung:

200 g Zucker,
300 g Walnüsse,
100 g Sahne,
3 EL Honig

Außerdem:

Butter für die Form,
Mehl für die Arbeitsfläche,
1 Eiweiß zum Einpinseln,
1 Eigelb,
2 EL Sahne zum Bestreichen

1 Aus den angegebenen Zutaten einen Mürbteig kneten. Ihn in eine Plastiktüte gehüllt eine halbe Stunde kalt stellen.

2 Für die Nussfüllung den Zucker in einer beschichteten Pfanne schmelzen, sobald er golden geworden ist, die grob gehackten Nüsse unterrühren. Wenn sie sich gut mit dem Zucker verbunden haben, die Sahne angießen und den Honig zufügen. Auf mildem Feuer sorgfältig verrühren.

3 Den Teig in zwei Portionen teilen, die eine Hälfte ausrollen – am besten auf einem Stück Klarsichtfolie. Die Form (24 cm Ø) sollte sorgfältig eingebuttert sein. Mit der Teigplatte auskleiden, dabei den Rand schön hoch ziehen. Darauf achten, dass nirgends ein Loch reißt. Die vorbereitete Füllung hineingeben und glatt streichen. Den obersten Saum des Teigrands über die Füllung klappen und mit Eiweiß einpinseln.

4 Eine zweite Teigplatte ausrollen. Einen Deckel ausschneiden, der exakt auf die Form passt. Rundum mit dem Saum des Rands zusammendrücken.

5 Aus dem restlichen Teig Sternchen und Monde ausstechen. Auf der Oberfläche verteilen und mit Eiweiß festkleben. Eigelb mit Sahne verquirlen und die gesamte Oberfläche damit einpinseln.

6 Bei 200 Grad im vorgeheizten Ofen etwa 35 bis 40 Minuten backen, bis die Torte appetitlich gebräunt ist.

Marzipanstollen

Man braucht hierfür neben dem üblichen Haushaltsmehl der Type 405 das ein wenig stabilere Brotmehl der Type 550, weil sonst der Teig die große Menge an Trockenfrüchten nicht tragen kann. Man bekommt dieses Mehl in gut sortierten Supermärkten oder direkt in einer Kunstmühle (Telefonbuch – Gelbe Seiten).

Für 2 Stollen à ca. 800 g:

300 g Rosinen,
50 g getrocknete Aprikosen oder gemischte kandierte Früchte, 1/8 l Rum,
50 g Orangeat, 50 g Zitronat,
50 g gehackte Mandeln,
1 Tütchen Vanillezucker,
1 Fläschchen Bittermandelaroma

Vorteig:

100 ml Milch, 50 g Honig,
1 1/2 Würfel Hefe,
200 g Mehl Type 550

Hauptteig:

abgeriebene Schale je einer Zitrone und Orange,
250 g Mehl Type 550,
250 g Mehl Type 405,
2 Eier, 200 g Butter,
1/2 TL Salz, 200 g Marzipanrohmasse, 2 EL Orangenlikör

Außerdem:

200 g Butter,
Zucker, 150 g Puderzucker,
2 Tütchen Vanillezucker

1

4

1 Die Zutaten für die Früchtemischung in einer Schüssel verrühren. Mit Folie gut zugedeckt über Nacht bei Zimmertemperatur stehen und gründlich durchziehen lassen.

2 Für den Vorteig die Milch lauwarm werden lassen (Mikrowelle), die Hefe und den Honig darin auflösen, in die Küchenmaschine füllen und das Mehl unterrühren. Diesen dicken Brei zugedeckt an einem warmen Ort eine halbe Stunde stehen lassen, bis er deutlich aufzugehen beginnt.

3 Dann die abgeriebenen Zitronen- und Orangenschalen, das Mehl und die Eier zufügen, ebenso die Salzprise, und mit den Knethaken der Küchenmaschine (oder des Handrührers) zu einem Teig verarbeiten, dabei stückchenweise die weiche Butter zufügen. So lange durchkneten, bis der Teig seidig wird und sich glatt vom Schüsselrand löst.

4 Die Früchtemischung einarbeiten. Den Teig zu einer Kugel formen, mit Mehl bestäuben und zugedeckt eine Stunde gehen lassen.

5 Den Teig in zwei Portionen teilen, erneut ruhen lassen, diesmal 20 Minuten im Kühlschrank. Ihm schließlich die Stollenform geben: Jede Portion flach rollen, und zwar in der gewünschten Länge, dann mit dem Nudelholz eine Seite flach drücken, die andere Seite dick lassen.

6 Das Marzipan mit Orangenlikör verkneten, in zwei Portionen teilen, jeweils zu einer Stange formen und auf die Teigmitte legen. So aufrollen, dass die dicke Seite über der dünnen liegt. Behutsam fest drücken und auf das mit Backpapier belegte Blech setzen.

7 Die Stollen noch einmal 10 Minuten ruhen lassen – diese Zeit sollte man unbedingt einhalten, damit der Teig nicht reißt, wenn er in den Ofen kommt. Der sollte auf 200 Grad vorgeheizt sein. Sobald der Stollen hineingeschoben wird, die Hitze auf 160 Grad herunterschalten. Nach 10 Minuten die beiden Stollen mit flüssiger Butter einpinseln und mit wenig Zucker bestreuen. Weitere 45 bis 50 Minuten backen. Die Stollen wieder mit zerlassener Butter einpinseln und mit Zucker bestreuen und noch etwa 10 Minuten im ausgeschalteten Ofen ruhen lassen. Diese Zeiten gelten für Umluft – wer mit Ober- und Unterhitze arbeitet, muss die Temperatur um ca. 10 Prozent erhöhen.

8 Die Stollen schließlich herausholen, erneut mit flüssiger Butter einpinseln. Etwas auskühlen lassen, bevor man sie in Puderzucker wälzt, der mit Vanillezucker vermischt ist. Einzeln in Alufolie wickeln und über Nacht durchziehen lassen.

9 Am nächsten Tag ein letztes Mal mit Butter einpinseln und mit Puderzucker bestreuen. In frische Folie packen und kühl stellen. Nach drei Wochen erst anschneiden! Der Stollen bleibt so etwa zwei Monate lang frisch.

Unser Weihnachtsmenü: Salat mit Forellenkaviar

Forellenkaviar kaufen Sie bitte in einem guten Fisch- oder Feinkostgeschäft. Dann kann man sicher sein, dass er mild schmeckt, auf keinen Fall zu salzig oder gar fischig!

Vorspeise für 4 Personen:

je eine großzügige Hand voll Salatblätter (bittere Sorten wählen, wie z. B. Endivie, Frisée und Chicoree; auch unterschiedliche Farben aussuchen, wie Feldsalat, gebleichter Löwenzahn etc.),
Salz,
Pfeffer,
4 EL aromatischer Apfelessig,
6 EL erstklassiges Olivenöl,
4 Eier,
2 Scheiben Weißbrot,
150 g Forellenkaviar,
Kräuter, wie Petersilie, Kerbel und/oder Schnittlauch

2

3

1 **Vorbereiten:** Die Salatblätter putzen, verlesen, gründlich mehrmals waschen und gut abtropfen lassen. Wenn nötig, zerzupfen oder sogar in Streifen schneiden, wie zum Beispiel den Chicorée.

2 Aus Salz, Pfeffer, Essig und 4 EL Olivenöl eine cremige Marinade aufschlagen. Die Eier in etwa neun Minuten nicht ganz hart kochen – sie sollten im Innern noch etwas feucht sein. Das Weißbrot würfeln und in Olivenöl sanft knusprig braten.

3 **Zubereiten:** Zum Servieren die Salatblätter ganz kurz in der Marinade wenden, sofort wieder herausheben, gründlich abtropfen und auf Vorspeisentellern verteilen. In die restliche Marinade in der Schüssel die gewürfelten Eier geben – einfach im Eierschneider einmal quer, dann um 90 Grad drehen und erneut längs durchschneiden. Und schließlich den Kaviar. Behutsam mischen, gerecht und dekorativ über den Salatblättern verteilen. Ganz zum Schluss noch knusprige Croûtons und die fein gehackten Kräuter darüber streuen.

4 Dazu gibt's knuspriges Baguette und einen eleganten, leichten Einstiegswein, zum Beispiel einen Riesling Kabinett, natürlich trocken, von der Saar.

Cremesuppe aus gelben Linsen

Für diese Suppe nehmen wir gelbe Linsen – man findet sie in guten Supermärkten oder in Asienläden. Es sind geschälte Linsen, die deshalb sehr schnell gar sind und nicht eingeweicht werden müssen. Für die Einlage nehmen wir kleine Tintenfischchen. Hierzu passt ein kräftiger, blumiger Wein, etwa ein Chardonnay.

Suppe für 4 Personen:

1 Zwiebel,
4 Knoblauchzehen,
1 EL Ingwer,
2 EL neutrales Öl,
200 g gelbe Linsen,
1 l Fleischbrühe,
Salz,
Pfeffer,
Cayennepfeffer,
Sojasauce,
eine Prise Zucker,
Zitronensaft

Tintenfischchen:

400 g Tintenfischchen (so klein wie nur möglich: Kalmare oder Kraken – was Ihr Fischhändler anbietet),
1 Frühlingszwiebel,
je 1 TL fein gehackter Ingwer, Knoblauch und Chili,
1 TL Sesamöl,
1 EL neutrales Öl,
Salz, Pfeffer,
je eine Prise Kreuzkümmel und Zucker,
1 EL Sojasauce,
1 EL Reiswein oder Sherry,
Koriandergrün und Thaibasilikum

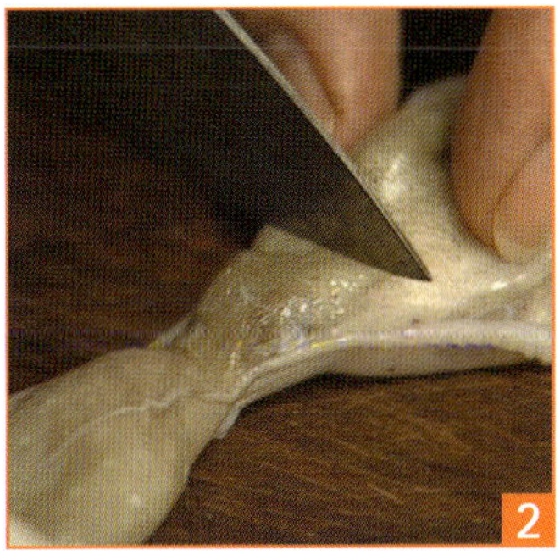

2

3

1 Vorbereiten: Zwiebel, Knoblauch und Ingwer fein hacken und im heißen Öl andünsten. Die Linsen zufügen, durchschwenken und mit Brühe auffüllen. Zugedeckt eine halbe Stunde leise köcheln. Salzen, pfeffern, Cayennepfeffer und Zucker zufügen. Die Suppe schließlich mit dem Mixstab glatt pürieren und mit Zitronensaft abschmecken.

2 Die Tintenfischchen säubern, die Augen wegschneiden, Häute und das transparente Innenbein entfernen. Sehr kleine Tintenfischchen ganz lassen, sonst in schmale Streifen schneiden. Frühlingszwiebel in feine Scheibchen schneiden, Ingwer, Knoblauch und Chili fein gewürfelt bereit stellen.

3 Zubereiten: Vor dem Servieren beide Ölsorten im Wok erhitzen, die Tintenfischchen darin rasch anbraten, Frühlingszwiebel, Ingwer, Knoblauch und Chili zufügen, sofort salzen, pfeffern, mit Kreuzkümmel und Zucker würzen. Sojasauce und Sherry angießen und unter Rühren einmal aufkochen. Ganz zum Schluss Koriandergrün und Thaibasilikum unterrühren.

4 Die Suppe erhitzen, mit dem Pürierstab erneut aufmixen, abschmecken und in tiefe Teller verteilen. Die Tintenfischchen hineinsetzen und sofort servieren.

ENTENBRUST MIT RADICCHIORISOTTO

Die Entenbrust kann bereits seit einer Woche im Kühlschrank auf ihren großen Auftritt warten. Sie ist vakuumverpackt und bleibt lange tadellos frisch. Man unterscheidet übrigens die Brüste von weiblichen Enten, sie sind zarter, saftiger und deshalb auch teurer als die mehr als doppelt so schweren von männlichen Enten.

Hauptgericht für 4 Personen:

3–4 Entenbrüste,
3 El Olivenöl,
Pfeffer aus der Mühle,
je 2 Thymian- und Rosmarinzweige,
3 EL Madeira,
1/4 l Geflügelfond,
4 EL Aceto balsamico,
Salz, 50 g eiskalte Butter

Radicchiorisotto:

1 Zwiebel,
2 Knoblauchzehen,
Thymian, 2 EL Olivenöl,
200 g Risottoreis (z.B. Carnaroli),
2 Kolben Radicchio (möglichst die schlanken aus Treviso),
ca. 1 l leichte Brühe,
Saft 1/2 Zitrone,
1 Glas Weißwein, 30 g Butter, 30 g geriebener Parmesan, Petersilie

Kräuterbrösel:

1 Bund glatte Petersilie,
1 Knoblauchzehe, 50 g geröstete, gesalzene Erdnüsse

1

2

1 **Vorbereiten:** Die Entenbrüste rechtzeitig, also am besten bereits am Vormittag, aus ihrer Verpackung in eine flache Schüssel betten und mit Olivenöl einreiben, dabei Pfeffer, Thymian und Rosmarin zufügen. Zugedeckt zum Marinieren kalt stellen. Madeira, Geflügelfond und Balsamico in einem Töpfchen um die Hälfte einkochen.

2 Für den Risotto einen so genannten Sofrito ansetzen: Zwiebel, Knoblauch und Thymian fein hacken und in Olivenöl andünsten, den Reis zufügen, gründlich umrühren, bis alle Körner glänzen. Dann beiseite stellen. Radicchio putzen, in feine Streifen schneiden und unter einem feuchten Küchenpapier im Kühlschrank frisch halten. Die Brühe zum Angießen steht fertig da und wird erhitzt, sobald das Fleisch angebraten wird.

3 Für die Kräuterbrösel Petersilienblättchen, Knoblauch und Erdnüsse im elektrischen Zerhacker mixen, bis grüne Brösel entstanden sind.

Von letzteren müsste eigentlich eine halbe Brust pro Person genügen, sicherheitshalber kauft man aber ruhig eine mehr – denn sie schmeckt auch kalt vorzüglich! Von den weiblichen sehen Sie bitte für jeden Gast eine vor.

4 **Zubereiten:** Am Abend das Fleisch zuerst auf der Hautseite langsam und kräftig anbraten, bis diese knusprig ist, nur wenige Sekunden kurz auch auf der anderen Seite braten, dabei salzen. Dann das Fleisch in Alufolie packen – Hautseite nach oben, das Paket nach oben offen lassen und in den Backofen setzen. Das Fleisch bei 100 Grad behutsam nachziehen lassen, dabei immer wieder mit etwas Saucenfond einpinseln.

5 Den Bratensatz in der Pfanne mit dem eingekochten Saucenfond loskochen, die eiskalte Butter in Stückchen zufügen und mit dem Schneebesen oder Mixstab unterschlagen.

6 Den Risottoansatz aufsetzen. Bevor der Reis zu rösten beginnt, mit Zitronensaft und Weißwein ablöschen, salzen und schließlich mit der kochend heißen Brühe auffüllen. Damit wir nicht ständig rühren müssen, sondern uns wieder kurz zu Tisch setzen können, kommen zuerst zwei Drittel der gesamten Flüssigkeit hinzu. Nach 20 Minuten der Rest. Sobald die Körnchen den richtigen Biss haben, Butter und Parmesan einrühren Noch einmal abschmecken und gehackte Petersilie unterrühren.

7 Anrichten: Eine Schöpfkelle Risotto auf einem Teller verteilen. Die Entenbrust quer in dünne Scheiben schneiden und dachziegelartig darauf anrichten, die Sauce dekorativ darüber und daneben verteilen. Mit zerzupften Kräutern dekorieren und ganz zum Schluss Kräuterbrösel darüberstreuen.

8 Dazu gibt es einen gehaltvollen Rotwein, zum Beispiel einen Bordeaux.

Orangenkuchen mit Karamell- und Himbeersauce

Zu diesem Dessert mit seinem intensiven Duft passt ein süßer Moscato – den man übrigens aus flachen Sektschalen trinkt, weil darin der Duft am allerbesten zur Geltung kommt.

Dessert
Für eine Springform:

2 unbehandelte Orangen,
6 Eigelb,
250 g Zucker,
300 g Mandeln,
1 TL Backpulver,
1 TL Zimt,
1 Messerspitze Nelken,
1 Prise Salz,
6 Eischnee,
Butter für Form

Karamellsauce:

100 g Zucker,
Saft von 1/2 Zitrone,
1 EL Orangenlikör,
1/8 l Wasser

Himbeersauce:

300 g tiefgekühlte Himbeeren,
3–4 EL Zucker

1

3

1 Die Orangen knapp mit Wasser bedeckt absolut weich kochen – etwa eine Dreiviertelstunde lang. Halbieren, mit der Messerspitze die Kerne herauslösen, die Hälften dann mitsamt der Schale im Mixer pürieren, 200 g Fruchtpüree abwiegen.

2 Die Eigelb mit der Hälfte des Zuckers zu einer dicken, hellen Creme schlagen, die geriebenen, ungeschälten Mandeln sowie das Orangenpüree und das Backpulver einarbeiten. Mit Zimt, Nelken und Salz abschmecken.

3 Schließlich den mit dem restlichen Zucker steif geschlagenen Schnee unterziehen. In eine gebutterte Form (24 cm Ø) füllen, bei 170 Grad etwa 50 Minuten backen.

4 Für die Karamellsauce den Zucker mit Zitronensaft und Orangenlikör vermischen und auf mittlerem Feuer schmelzen. Bis zum hellbraunen Karamell kochen, falls er zu dunkel zu werden droht, immer wieder mit einem Löffel Wasser ablöschen.

5 Für die Himbeersauce die Früchte mit Zucker vermischt auftauen und erhitzen, dann durch ein Sieb passieren.

TIPP

Gut passt dazu zum Beispiel auch eine Sauce aus Heidelbeeren, wie auf dem Foto: Dafür lässt man die Beeren mit etwas Zucker vermischt langsam aufkochen und wieder abkühlen.

Tipps fürs Silvesterbuffet

Dieses Jahr lassen wir es richtig krachen!

Die Silvesternacht ist immer etwas Besonderes. Vor der Wende zum Jahr 2000 hatte man schon monatelang geunkt, was alles in dieser Nacht um zwölf passieren kann. Angeblich sollten ja die Computer verrückt spielen. Mit blühender Fantasie wurden die tollsten Sachen ausgemalt. Flugzeuge sollten vom Himmel fallen, die Stromversorgung zusammenbrechen, die Taxifahrer und die Gastronomen verlangten auf einmal exorbitante Preise, weil sie kaum jemanden fanden, der in dieser Nacht aller Nächte arbeiten wollte…

Warum, so fragten wir uns, soll man sich solchen Unwägbarkeiten aussetzen? Das haben wir vorgeschlagen: »Bleiben Sie Silvester einfach zu Hause! Laden Sie nahe wohnende Freunde, Nachbarn oder so viele Gäste ein, wie Sie bei sich über Nacht unterbringen können, und bereiten Sie alles, was man in dieser Nacht essen will, bereits so vor, dass selbst ein Stromausfall kein Problem sein kann: Bereiten wir also ein Buffet vor. Damit man als Gastgeber nicht alle Arbeit alleine am Hals hat, kann man ja die Aufgaben vorher verteilen – es bringt also jeder seinen Teil mit.« Es hat sich dann ja herausgestellt, dass alle Befürchtungen überflüssig waren. Alles ging glatt, niemand musste auf Strom oder sonst etwas Wichtiges verzichten. Aber viele waren unserem Rat gefolgt und waren glücklich damit – und daraus leiten wir die Vermutung ab, dass unsere Vorschläge auch für kommende Silvesternächte gelten können:

Das richtige Festgetränk: Champagner

Zu feinen Austern und zum besonderen Anlass auch das adäquate Getränk: Champagner – der König unter den Weinen. Er ist sicher der am umfassendsten geregelte Wein der Welt. Dabei ist nicht nur genau vorgeschrieben, woher die Trauben kommen, wie sie angebaut und geerntet werden müssen. Es ist auch strengstens festgelegt und kontrolliert, wie sie zum Wein ausgebaut werden sollen: Drei Rebsorten kommen dafür in Frage. Meist ist es eine Mischung aus Pinot noir, Pinot Meunière und Pinot Chardonnay. Ausnahme: Ein Blanc de Blancs wird, wie der Name schon sagt, ausschließlich aus weißen Trauben hergestellt, ein Blanc de Noirs ausschließlich aus schwarzen.

Der Wein wird in Stahltanks oder, die edleren Sorten, in kleinen Holzfässern vergoren und ausgebaut. Jedes Champagnerhaus hat sein eigenes Rezept für die Mischung (Cuvée) von Weinen, die auch aus verschiedenen Jahrgängen gemischt werden. So hat jeder Champagner seinen eigenen Charakter, seinen typischen Geschmack. In Spitzenjahren gibt es auch Jahrgangs-Champagner, die dementsprechend stets durch den typischen Charakter dieses Jahrgangs geprägt sind.

Wie man ein so erlesenes Getränk richtig serviert

Unbedingt sollte man es rechtzeitig kalt stellen, also einen halben Tag vorher in den Kühlschrank legen (bitte nicht ins Tiefkühlfach). In einem Champagnerkübel mit viel Eiswürfeln und Wasser – bitte immer randvoll machen, damit die Flasche richtig im Eiswasser versinkt – bekommt die Flasche in etwa einer halben Stunde die korrekte Temperatur.

Geöffnet wird nicht mit lautem Getöse. Richtig macht man es so: Vorsichtig erst das Körbchen lösen, dann den Korken mit einem Tuch fassen und behutsam herausziehen. In schlanke, bauchige Gläser einfüllen, die sich nach oben verjüngen, damit der Duft zielgerecht in die Nase gelenkt wird und die Bläschen nicht gleich verpuffen. Bitte keine flachen Sektschalen verwenden, aus denen beides schnell verfliegt. Lieber ein Weinglas statt einer solchen Schale nehmen! Und dann bitte immer am Stiel anfassen, damit die Gläser auch richtig klingen, wenn man auf das neue Jahr damit anstößt…

Schinkensülze

Die Franzosen sagen dazu *Jambon persillé*, und dann klingt es gleich viel aufregender. Eine solche Sülze ist leicht, erfrischend und passt sowohl zu Bratkartoffeln wie zu einem Stück Baguette. Man muss sie bereits am Vortag herstellen, damit sie ausreichend fest wird. Man lässt die Sülze in einer kugelrunden Schüssel, in kleinen Portionsförmchen oder in einer Kastenform erstarren. Dazu passt unsere Remoulade von Seite 178 perfekt.

Für 10 Personen:

1 kg gekochter Schinken,
3–4 rote Chilischoten,
100 g Cornichons,
50 g winzig kleine Kapern,
2 Bund glatte Petersilie,
ca. 3/4 l kräftige Fleischbrühe,
3 EL Sherry,
Sojasauce,
Salz,
Pfeffer,
2–3 EL Essig,
8–9 Blatt Gelatine

2

4

1 Den Schinken sorgfältig von Schwarte und möglichst viel Fett befreien – aber natürlich wird es nicht weggeworfen, es ist ideal, um dem Hackfleischteig für die Bouletten (siehe S. 181) Schmelz und Geschmack zu verleihen; es wird dafür entweder durch den Wolf gedreht oder im Zerhacker ganz fein zermust.

2 Das schiere Schinkenfleisch zentimeterklein würfeln. Die übrigen Zutaten ebenfalls sehr klein würfeln. Die Petersilie sehr fein hacken.

3 Die Brühe mit Sherry, Sojasauce, Salz, Pfeffer und Essig kräftig abschmecken. Erwärmen, bis man die eingeweichte Gelatine darin auflösen kann.

4 Wieder abkühlen, dann die Sülzenzutaten damit mischen. Die Sülze in hübsche Gefäße abfüllen und zugedeckt über Nacht kalt stellen. Zum Servieren stürzen, dekorativ anrichten und gut gekühlt servieren.

Terrine nach Hausmacherart

Eine solche Fleischterrine muss man unbedingt schon wenigstens einen, besser aber zwei oder drei Tage vorher zubereiten, damit sie schön durchziehen und die richtige Festigkeit bekommen kann. Sie bleibt übrigens gut eine Woche im Kühlschrank frisch, und ist ideal für ein Buffet, weil sie dort den ganzen Abend über

Für eine 1,5-l-Terrine:

250 g Zwiebeln,
6 Knoblauchzehen,
2 EL Butter,
Salz,
2 Thymianzweige,
1 Bund Petersilie,
400 g Schweineschulter,
300 g Kalbsschulter,
250 g Hühnerleber,
200 g frischer Speck,
1 EL Piment,
1 TL Pfeffer,
1 kleine Chilischote,
1 EL Crème fraîche,
1 Eigelb,
1 Ei,
50 ml Weißwein,
1 EL Pastetengewürz,
Worcestershiresauce,
Cayennepfeffer,
abgeriebene Zitronenschale

Außerdem:

fetten, also grünen Speck quer in große hauchdünne Scheiben geschnitten, zum Auslegen der Form,
2 Lorbeerblätter,
1 Rosmarinzweig

1

2

1 Zwiebeln und Knoblauch grob hacken und in der Butter weich dünsten, dabei salzen, Thymian- und Petersilienblätter kurz mitdünsten. Gut abkühlen. Vom Fleisch jeweils ein Drittel mit einem scharfen Messer in zentimetergroße Würfel schneiden. Piment, Pfeffer und Chilischote im Mörser zerreiben, dabei etwas Salz zufügen, so zerreiben sich die Gewürzkörner besser. Mit einem Drittel dieser Mischung die von Hand geschnittenen Würfel einreiben, mit dem Rest das übrige Fleisch einreiben. Kalt stellen, es darf ruhig sogar ein wenig anfrieren. Denn nur das kalte Eiweiß geht eine gute Bindung ein und gibt der Terrine eine schöne, sanfte Konsistenz. Zu warmes Fleisch macht sie bröckelig.

2 Das eiskalte Fleisch mit dem ebenfalls eiskalten Zwiebelgemisch im Mixer glatt pürieren, dabei Crème fraîche, Eigelb und das ganze Ei sowie den Wein mitmixen. Mit Pastetengewürz, Worcestershiresauce, Cayennepfeffer, abgeriebener Zitronenschale kräftig abschmecken. Die Fleischwürfel unter diese Farce mischen.

TIPP

Wer eine appetitlich helle, rosafarbene Terrine möchte, bittet seinen Metzger um etwas Pökelsalz – das gibt dem Fleisch die typisch rosa Pökelfarbe. Dafür muss man dann allerdings auf normales Salz verzichten.

eine gute Figur macht. Die Terrine wird entweder in ihrer hübschen Terrinenform aufs Buffet gestellt, oder gestürzt und in Scheiben auf einer Platte angerichtet. Dazu gibt's Gürkchen, eingelegte Chilis, Sachen, die man fertig kaufen kann, und eine Remoulade, die wir natürlich selber machen (siehe S. 178).

3

4

5

3 Eine Terrinenform mit den Speckscheiben auslegen, sie sollten rundum so weit über den Rand reichen, dass sie später die Terrine vollkommen zudecken. Die Farce einfüllen, dabei mehrmals die Form auf der Arbeitsfläche aufstoßen, damit die sich gut setzt. Die Oberfläche mit Speckscheiben zudecken, mit Lorbeerblättern und dem Rosmarinzweig dekorieren und mit Alufolie verschließen. Möglichst zusätzlich einen Deckel auflegen. Im heißen Wasserbad bei 150 Grad im Backofen etwa 90 Minuten garen.

4 Abkühlen lassen, jedoch erst, wenn das flüssig gewordene Fett erstarrt ist, mit einem Brettchen beschweren und ein Gewicht auflegen, damit die Terrine gepresst wird (sonst tritt alles Fett, das die Terrine ja geschmeidig halten soll, aus und sie wird trocken).

5 Mindestens einen, besser zwei Tage kalt stellen, bevor die Terrine angeschnitten wird. Dazu Oliven, eingelegte Chilischoten und frisch aufgebackenes Baguette reichen. Oder eine würzige, selbst gemachte Remoulade (siehe S. 178).

TIPP

Wichtig für Konsistenz und Geschmack dieser Terrine ist übrigens, dass ein gutes Drittel des Fleisches nicht durch den Wolf gedreht, sondern mit der Hand in nicht zu kleine, fast zentimetergroße Würfel geschnitten wird.

Remoulade

Nichts geht über eine selbst gemachte Remoulade! Dann kann man die Ölsorte und damit den Geschmack selbst bestimmen. Letztere sind ja bekanntlich verschieden.

Für 6 Personen:

2 Eigelb,
1 TL Senf,
Zitronensaft,
Salz,
1/2 TL Chilisauce,
1 Prise Zucker,
Pfeffer,
1–2 Knoblauchzehen,
1/4 l Öl,
1 Spritzer Worcestershire-sauce,
je 2 EL fein gewürfelte Kapern,
Cornichons,
Zwiebeln oder Schalotte,
Schnittlauch,
Petersilie,
100 g Joghurt

2

3

1 Alle Zutaten sollten die gleiche Temperatur haben, also entweder alle aus dem Kühlschrank kommen oder Zimmertemperatur haben. Eigelb, Senf, Zitronensaft, Salz, Chilisauce, Zucker, Pfeffer und Knoblauch in den Mixer füllen.

2 In die laufende Maschine das Öl in dünnem Strahl hinzufließen lassen, bis eine dicke Mayonnaise entstanden ist.

3 Mit Worcestershiresauce abschmecken, Kapern, Cornichons, Schalotte, Kräuter, alles feingehackt, sowie den Joghurt unterrühren.

TIPP

Wer mag, nimmt Olivenöl – das zarte aus Ligurien beispielsweise und mischt ein wenig vom intensiven, leicht bitteren Olivenöl aus der Toskana unter. Man kann auch ein Sonnenblumenöl nehmen, das besonders nussig schmeckt, wenn es aus einer kleinen Ölmühle stammt.

Bunter Bulgursalat

Bulgur ist geschroteter Weizen, wie ihn die Türken gern essen. Er wird mit jeder Menge frischen Zutaten wie Paprika, Gurke, Tomate, Zwiebel und Knoblauch vermischt, mit Minze und Petersilie sowie mit viel Zitronensaft und Olivenöl angemacht. Eine hübsche und originelle Beilage zu unserer Terrine oder Sülze, aber auch gut für alle, die kein Fleisch mögen.

Für 8–10 Personen:

ca. 1/2 l Wasser,
2 EL getrocknete oder ein ganzer Strauß frischer Minzeblätter,
500 g Bulgur,
ca. 2 kg gemischtes Salatgemüse: Tomaten, Gurke, Paprika in allen Farben, Selleriestängel,
2 rote Zwiebeln,
3–4 Knoblauchzehen,
außerdem glatte Petersilie,
Salz,
Pfeffer,
1 TL Paprikapulver,
Saft von 2 Zitronen,
4 EL Olivenöl,
Salatblätter zum Auslegen der Schüssel

1 Das Wasser aufkochen, die Minzeblätter damit überbrühen und zehn Minuten ziehen lassen. Den Bulgur in eine ausreichend große Schüssel füllen, mit dem Minzesud tränken und quellen lassen. Dabei immer nur so viel Flüssigkeit zufügen, wie der Bulgur aufzunehmen imstande ist. 20 Minuten zugedeckt quellen lassen.

2 Inzwischen die Salatzutaten putzen und klein würfeln. Den Knoblauch durch die Presse drücken und die Petersilie und Sellerieblätter fein hacken. Alles mit dem Bulgur mischen. Mit Salz, Pfeffer, Paprika, Zitronensaft und Olivenöl würzen und anmachen. Eine halbe Stunde durchziehen lassen. Dann auf einer mit Salatblättern ausgelegten Platte oder Schüssel anrichten.

Gefülltes Brot

Eine witzige Idee, die mal in den fünfziger Jahren groß in Mode war: Stangenweißbrot wird ausgehöhlt, statt der Krume wird es gefüllt mit einer Mischung aus gekochtem Ei, Gürkchen, Kapern, gekochten Kartoffeln, Frischkäse und Butter. Das Brot wird zum Servieren in Scheiben geschnitten, die bildschön aussehen, weil sie innen kunterbunt gesprenkelt sind.

Für 10 Personen:

500 g Kartoffeln,
1 möglichst schlankes Baguette oder 2–3 kleinere Baguettebrötchen,
200 g Butter,
200 g Frischkäse,
4 hart gekochte Eier,
1/2 oder 1 ganze Avocado,
50 g Cornichons,
50 g kleine Kapern,
100 g Salami in nicht zu dünnen Scheiben,
1 Bund Schnittlauch,
Salz,
Pfeffer,
Paprikapulver,
je einige Tropfen Worcestershire- und Sojasauce

1

3

1 Die Kartoffeln bereits zwei, drei Stunden vorher kochen, bevor man das Brot füllen will, damit sie genügend Zeit haben, abzubinden. Vom Brot vorn und hinten eine Kappe abschneiden, die Krume vorsichtig herausstupsen (beiseite legen und für Boulettenteig verwenden).

2 Die Butter mit dem Schneebesen schaumig rühren, den Frischkäse untermischen, auch die gewürfelten Eier, Kartoffeln, klein gewürfelte Avocado, gehackten Gürkchen, die Kapern, die Salami in feinen Würfeln und den Schnittlauch in Röllchen untermischen. Diese Füllung sehr würzig mit Salz, Pfeffer, Paprika, Worcestershire- und Sojasauce abschmecken.

3 Diese Füllung in das ausgehöhlte Brot stopfen. Das Brot schließlich kalt stellen. Zum Servieren quer in dünne Scheiben schneiden.

UNSERE LIEBLINGSBOULETTEN

Bouletten liebt jeder, und jedermann beziehungsweise jede Frau hat ihr Lieblingsrezept dafür. Wir lieben Bouletten, wenn sie besonders saftig und locker sind, deshalb sparen wir lieber am Fleisch (an der Menge, nicht an der Qualität, versteht sich) statt am Brot. Davon kommt eine ganze Menge rein, und zwar altbacken und dann mit heißer Sahnemilch eingeweicht.

Für 8 Personen:

400 g Schweineschulter,
400 g Kalbsschulter,
250 g Schinkenspeck – alles vom Metzger durch den Wolf drehen lassen,
3 altbackene Semmeln (oder 200 g Krume vom ausgehöhlten Weißbrot),
1/8 l Sahne,
1/8 l Milch,
2 Eier,
2–3 Zwiebeln (je nach Größe),
3 EL Butter,
3 Knoblauchzehen,
1 dicker Bund Petersilie,
Salz,
Pfeffer,
Paprikapulver,
Worcestershiresauce,
Sojasauce,
1 TL scharfer Senf,
1 TL Chilisauce,
Semmelbrösel

1

2

1 Das Fleisch in einer großen Schüssel mit den folgenden Zutaten mischen: Die Semmeln in Scheiben schneiden und mit heißer Sahne und Milch tränken, immer nur so viel zufügen, wie das Brot aufnimmt – es soll nicht zu nass werden. Die Zwiebeln sehr fein würfeln, in der heißen Butter weich dünsten, ohne zu bräunen. Zum Schluss den Knoblauch durch die Presse drücken und die fein gehackte Petersilie zufügen.

2 Alles zu einem geschmeidigen Fleischteig mischen und sehr herzhaft würzen. Mit angefeuchteten Händen kleine Bouletten formen, in Semmelbröseln wenden, alle überschüssigen Brösel abschütteln. Die Bouletten in heißem Öl langsam auf beiden Seiten schön braun braten.

Pumpernickelwürfel

Sie sehen nicht nur hübsch aus, sondern schmecken auch noch gut: Pumpernickelscheiben werden dick gebuttert, mit dünnen Chesterkäsescheiben belegt, aufeinander gestapelt, gepresst und schließlich zu mundgerechten Würfeln geschnitten.

Für 8 Personen:

500 g Pumpernickelscheiben,
200 g Butter,
1 Bund Schnittlauch,
Salz,
Pfeffer,
100 g Chesterkäse in dünnen Scheiben,

2

3

1 Die Pumpernickelscheiben auseinander lösen. Die Hälfte der Butter mit dem in feine Röllchen geschnittenen Schnittlauch vermischen, dabei mit Salz und Pfeffer würzen. Die Hälfte der Brotscheiben damit buttern.

2 Die andere Hälfte mit schierer Butter einstreichen, darauf jeweils eine Käsescheibe legen und diese mit Paprikapulver würzen. Je vier Brotscheiben übereinander stapeln, dabei mit den beiden Sorten abwechseln.

3 Die Scheiben sehr akkurat aufeinander legen und gut fest drücken. Schließlich Würfel ausschneiden. Auf einer Platte anrichten und kalt stellen.

TIPP

Unser Super-Silvester-Tipp:

Um diese Jahreszeit sind überall Austern im Angebot. Wir leisten uns das einfach, und zeigen Ihnen, wie man sie richtig knackt und serviert. Zunächst muss man seine Hand schützen, mit der man die fest verschlossenen Muscheln in die Hand nimmt: entweder einen alten Handschuh nehmen oder die Hand dick in ein Küchentuch packen. Die Auster jetzt in die flache Hand legen und mit dem Messer öffnen – wer kein Austernmesser mit seiner typischen kurzen, breiten Schneide hat, nimmt ein Parmesanmesser oder einfach ein stabiles Küchenmesser mit einer kurzen Klinge. Jetzt setzt man genau hinter dem Scharnier der Austern an und sticht mit dem Messer beherzt flach zwischen den beiden Schalen hinein, ein kleiner Schnitt vom Scharnier weg und schon lässt sich die obere Muschelschale leicht abheben. Jetzt heißt es vorsichtig sein: nichts von der kostbaren Flüssigkeit, in der das Austernfleisch schwimmt, darf verloren gehen – das ist der Austernsaft, der frisch nach Meer schmeckt.

Dann mit der Messerklinge unter das Muschelfleisch fahren und das Füßchen suchen, mit einem behutsamen Schnitt von der Muschelunterschale lösen. Nun lässt sich die Auster mitsamt ihrem Saft genießerisch aus ihrer Schale schlürfen.

Nach Belieben würzt sich jeder seine Auster entweder nur mit Zitronensaft oder mit:

Schalottenessig

Für 8 Personen:
3–4 Schalotten,
1/4 l erstklassigen Rotweinessig und Pfeffer

Die Schalotten winzig fein würfeln, dafür nicht nur mit einem scharfen, sehr dünnschneidigen Messer zuerst quer und dann längs fein schneiden, sondern auch zusätzlich horizontal mehrmals einschneiden, damit auch die einzelnen Zwiebelhäute halbiert werden. Mit Essig in einer Schüssel mischen und ziehen lassen, dabei mit Pfeffer würzen.

Kartoffelkreationen

Die arme Kartoffel – sie ist immer noch eine verkannte Delikatesse. Vor allem, was den Handel angeht, der ihr kaum die richtige Sorgfalt angedeihen lässt. Deshalb ist es so besonders wichtig, dass Sie Kartoffeln nur bei einem vertrauenswürdigen Händler kaufen, besser noch dem Produzenten selbst, auf dem Markt. Und lassen Sie sich über die Sorten genau aufklären. Es gehören in einen Haushalt mindestens zwei, besser noch drei Sorten: eine mehlige Sorte, für Pürees, Suppen, Saucen und Kartoffelteig. Und schließlich eine speckige, fest kochende Sorte für Salate, auch für Pellkartoffeln. Gut ist auch eine mittelfeste Sorte, man nennt sie »mehlig-fest kochend«, so absurd das in seinem Widerspruch klingt. Sie sind für Aufläufe, Gratins, für gefüllte Kartoffeln usw. geeignet.

Wie gesund Kartoffeln sind!

Sie sind wahre Kraftpakete, denn sie enthalten jede Menge Mineralstoffe, z.B.: Natrium, Kalium, Kalzium, Eisen und Phosphor. Und Vitamine: A, B und C. Außerdem Kohlenhydrate und Eiweiß, dafür wenig Fett und insgesamt lächerlich wenig Kalorien.

Es ist wirklich ein dummes Ammenmärchen, dass Kartoffeln dick machen – das Gegenteil ist vielmehr richtig. Ein rundum ideales Lebensmittel also. Und weil Kartoffeln so gut schmecken und so vielseitig sind, kann man ruhig von einem Genussmittel reden.

Kartoffelverbrauch

In den letzten 50 Jahren hat sich der Pro-Kopf-Verbrauch von Kartoffeln bei uns mehr als halbiert. Dafür stieg der Verbrauch von Geflügel um 460 Prozent, bei Käse um 240 Prozent, um 75 Prozent bei Schweinefleisch und 50 Prozent bei Rindfleisch. Die deutsche Gesellschaft für Ernährung sieht das mit Sorge, weil statt der empfohlenen Ausgewogenheit in der Zusammensetzung unserer Ernährung zunehmend ein schiefes Bild entsteht: Wir essen viel zu viel Fett und Eiweiß, und erheblich zu wenig Kohlenhydrate. Ein Grund mehr, den eigenen Kartoffelverbrauch zu steigern!

Der Einkauf

Achten Sie darauf, dass die Kartoffeln beim Händler trocken, kühl und dunkel aufbewahrt werden, und sorgen Sie dafür, dass auch bei Ihnen zu Hause beste Bedingungen für die Lagerung herrschen. Wer keinen Keller mit Idealklima hat, kauft nur so viel Kartoffeln, wie in den nächsten drei, vier Wochen gebraucht werden. Wichtig ist auch für diese kurze Zeit, dass Kartoffeln dunkel lagern, damit sie nicht keimen, durch Lichtkontakt Solanin bilden, ein Gift, das schwere Übelkeit verursachen kann. Deshalb: Stets grüne Stellen, die zeigen, dass die Kartoffeln mit Licht in Berührung waren, herausschneiden!

Viele Sorten, lustige Namen

In Österreich kennt man keine Kartoffeln, nur Erdäpfel. So heißen Kartoffeln auch in Süddeutschland, vor allem in Bayern, aber auch in Frankreich (*pommes de terre*). In der Pfalz spricht man eher von Grundbirnen, im Dialekt Grumbeere oder Erdbirne. In unserem Wort Kartoffel steckt, sagt der Etymologe, das Wort Tartuffo, italienisch für Trüffel. Tatsächlich sehen bestimmte Kartoffeln weißen Trüffeln sehr ähnlich. Und die dunkelblauen oder lila Kartoffeln, die man als *truffes de chine* manchmal aus Frankreich importiert, und zunehmend von pfiffigen Bauern auch bei uns als Spezialität angebaut werden, haben Ähnlichkeit mit den kostbaren schwarzen Trüffeln.

Die Sorten tragen meist Frauennamen. So heißt die beste speckige Salatkartoffel »Sieglinde«; auch »Selma«, »Hansa« und »Clivia« sind eher fest kochende Sorten. Mehlige Kartoffeln verstecken sich unter den Namen »Aula«, »Desirée«, »Bintje«, »Datura« und »Irmgard«. Dazwischen liegen eher die Sorten »Nicola«, »Grata« und »Hela«. Das Angebot variiert von Region zu Region, unterschiedliche Böden bringen verschiedene Ergebnisse – man muss einfach probieren und seine Lieblingssorten herausfinden.

Gnocchi aus Italien

Dieser Kartoffelteig ist ja geradezu international. Je nachdem, wie man ihn formt und serviert, kann man damit rund um die Welt reisen: Für italienische Gnocchi den Kartoffelteig zu langen Würsten formen, davon walnussgroße Stücke abschneiden, sie flach über eine Gabel drücken, damit die typischen Riefen entstehen, in denen die Sauce besser haften bleibt. Bereits während dieser Arbeit immer wieder mit Mehl bestäuben oder besser noch in Grieß wälzen, damit die Gnocchi nicht kleben. In reichlich Salzwasser etwa zehn Minuten leise kochen – sie sind gar, wenn sie an der Oberfläche schwimmen. Zu den Gnocchi passen: ebenfalls Salbeibutter und frisch geriebener Parmesan. Oder jede Variation von italienischer Hackfleischsugo, Tomatensauce oder anderen Nudelsaucen.

Kartoffelbällchen aus Indien

Den Kartoffelteig mit indischem Currypulver, vor allem mit reichlich gemahlenem Kreuzkümmel würzen – der gibt den richtigen indischen Duft – und mit viel Chili, damit die Bällchen schön scharf werden. Bällchen daraus formen, nicht größer als Walnüsse, und in heißem Butterschmalz schwimmend knusprig braten. Auf Küchenpapier gründlich abtropfen. Als Häppchen zum Glas Wein reichen – eventuell Joghurt-Dips dazu servieren: mit Salz, Pfeffer, Zitronensaft und Dill gewürzt.

Gefüllte Kartoffelrosette

Die passende Mahlzeit, wenn man nur für sich alleine oder zu zweit nur einen kleinen Imbiss braucht – dazu ein knackiger Salat und ein Glas herzhafter Wein – was will man mehr?

Für 2 Personen:

300 g Kartoffeln (möglichst eine fest kochende Sorte),
2–3 EL Olivenöl oder Butterschmalz,
Salz,
Pfeffer,
100 g Käse (Schnittkäse, Bergkäse, Weichkäse – ganz nach Gusto und Vorräten; es genügt auch ein Käserest),
1 Bund Schnittlauch,
Delikatesspaprika

1 Die Kartoffeln schälen, auf dem Hobel in gleichmäßig dünne Scheiben schneiden. Sehr akkurat in einer beschichteten Pfanne, die mit heißem Öl ausgeschwenkt ist, von innen nach außen eine runde Fläche auslegen. Dabei sollen die Scheiben übereinander greifen und einander überlappen.

2 Die Kartoffelscheiben salzen und pfeffern. Die Fläche bis auf einen kleinen Rand rundum mit Käsescheiben auslegen. Mit Schnittlauchröllchen und Paprikapulver bestreuen.

3 Auf dem Käse eine zweite Kartoffelrosette drapieren.
Die Rosette braten, bis sie an der Unterseite einen schönen knusprigen Rand zeigt, dann wenden – am besten geht das mit einem Schwung in der Luft, wie ein Pfannkuchen.

4 Wer sich davor fürchtet, nimmt einen flachen Deckel oder eine Tortenplatte zu Hilfe: legt ihn (sie) auf die Pfanne, stürzt beides miteinander und lässt dann die Rosette von der Platte oder dem Deckel zurück in die Pfanne gleiten.

5 Die Rosette auch auf der anderen Seite goldbraun braten.

TIPP

Dazu einen frischen Salat servieren: Feldsalat, Frisée, Endivie und Radicchio – am besten mit Estragonessig angemacht.

Kartoffelküchlein

Eine pfiffige Beilage zu gebratenem Fleisch, aber auch zusammen mit einem Salat eine ganze kleine Mahlzeit. Man kann die Kartoffelküchlein für eine größere Runde übrigens auch im Voraus zubereiten: Sie werden dann bereits am Nachmittag hellblond gebraten. Auf einem Backblech kurz vor dem Servieren im heißen Backofen wieder erwärmen und knusprig werden lassen.

Für vier Personen:

600 g mehlig-fest kochende Kartoffeln,
Salz,
Pfeffer,
Öl zum Braten

2

3

1 Die Kartoffeln schälen, auf dem Gemüsehobel oder mit Hilfe der Küchenmaschine in streichholzfeine Streifchen raspeln. In einer Schüssel mit Salz und Pfeffer mischen.

2 In einer beschichteten Pfanne Öl erhitzen, jeweils einen Esslöffel Kartoffelstreifen als Häufchen hineinsetzen, mit dem Löffel flach drücken und schön rund formen.

3 Die Kartoffelküchlein sanft auf mittlerem Feuer auf beiden Seiten knusprig braten. Die Küchlein immer dann wenden, wenn die äußeren Ränder knusprig braun geworden sind.

TIPP

Dazu schmeckt ein frischer Salat und eisgekühlter Matjes oder hauchdünne Streifen von Räucherlachs.

Kartoffelroulade mit Schinken und Spinat

Ein feines, etwas außergewöhnliches Hauptgericht. Man bereitet zunächst einen Kartoffelteig vor, aus gekochten Kartoffeln, die noch heiß gepellt werden und durch die Presse gedrückt – etwa wie für Gnocchi. Sie werden dann mit drei Eigelb, Mehl, Salz und Pfeffer rasch zu einem Teig vermischt. Dabei kommt es darauf an,

Für 4–6 Personen:

1 kg mehlige Kartoffeln (Bintje, Datura, Irmgard, Aula etc.),
3 Eigelb,
Salz,
Pfeffer,
ca. 200 g Mehl

Füllung:

200 g gekochter Hinterschinken (hauchdünn geschnitten),
800 g Blattspinat,
Salz,
1 Zwiebel,
2 EL Butter,
2–3 Knoblauchzehen,
Muskatnuss,
Butter für die Folie

2

3

1 Die Kartoffeln in ihrer Schale weich kochen, noch heiß pellen und durch die Presse in eine weite flache Schüssel oder direkt auf das Arbeitsbrett drücken. Etwas auskühlen lassen, sodass man die Kartoffeln berühren kann – Vorsicht: sie können unglaublich heiß sein!

2 Die Eigelb in die Mitte geben, außerdem salzen und pfeffern. Zunächst die Hälfte des Mehls darüber sieben. Das Sieben ist wichtig, damit das Mehl Luft bekommt und sich besser mit den Kartoffeln verbinden kann. Alles mit den Fingerspitzen rasch zu einem Teig mischen, dabei nur so viel vom restlichen Mehl zufügen, bis wirklich nichts mehr klebt.

3 Diesen Teig als rechteckige Fläche auf ein mit Butter bestrichenes Stück Alufolie verteilen. Die Schinkenscheiben darauf verteilen. Und schließlich den Spinat.

4 Den Spinat zuvor verlesen, alle Stiele abknipsen, die Blätter mehrmals sorgfältig waschen. In reichlich kochendem Salzwasser zusammenfallen lassen, dann in eiskaltem Wasser abkühlen. So behält der Spinat nicht nur seine schöne grüne Farbe, sondern auch seine Vitamine.

5 Die Zwiebel sehr fein würfeln, in heißer Butter weich dünsten, ohne zu bräunen. Den Knoblauch durch die Presse zufügen, schließlich den abgetropften, leicht ausgedrückten Spinat.

dass man die gerade richtige Menge Mehl verwendet: Zu viel macht den Teig fest und klebrig. Zu wenig gibt nicht ausreichend Bindung. Deshalb den Teig rasch und nur mit den Fingerspitzen verarbeiten, nicht lange daran herumkneten!

6

8

9

6 Den Spinat darin wenden, dabei salzen, pfeffern und mit Muskat würzen. Gleichmäßig auf der Schinkenfläche verteilen, dabei an einer Schmalseite einen zwei Zentimeter breiten Rand lassen. Die Sache aufrollen. Das geht am besten, indem man die Folie an der anderen Schmalseite hochhebt und die Kartoffelfläche in sich einrollen lässt – der freigehaltene Streifen dient dazu, die Rolle an dieser Seite zu verschließen.

7 Die Rolle nunmehr vollständig in die Folie einpacken, vor allem an den Seiten die Folie gut verschließen, damit kein Wasser eindringen kann.

8 In einem ausreichend großen Topf (Fischkochtopf) in heißem Wasser etwa 45 Minuten behutsam gar ziehen lassen. Dabei sollte das Wasser nicht kochen, sondern nur leise unterhalb des Siedepunkts spielen. Die Rolle schließlich herausheben, vor dem Auspacken jedoch noch fünf Minuten ruhen lassen, damit sie sich festigt. Aus der Folie wickeln und mit einem scharfen Messer (gut ist auch ein elektrisches Messer geeignet) in zweifingerstarke Scheiben schneiden.

9 Die Scheiben auf Tellern anrichten. Und mit Salbeibutter übergießen: Dafür die Butter erhitzen, bis sie gerade eben zu bräunen beginnt. In Streifen geschnittene Salbeiblätter darin kurz anrösten. Mit einem Schuss Kochwasser verdünnen und über die Scheiben träufeln. Rasch, nämlich noch ganz heiß servieren.

TIPP

Es passt außerdem sehr gut eine frische Tomatensauce dazu oder eine Vinaigrette mit vielen Kräutern.

Kartoffelgulasch

Dafür braucht man einen gut gereiften, festen, luftgetrockneten Bauchspeck. Und später, zum darin Erwärmen, handfeste, geräucherte Bauernbratwürste. Beides gibt dem Kartoffelgulasch seinen herzhaften Rauchgeschmack.

Für 4–6 Personen:

50 g fester, luftgetrockneter Bauchspeck,
2 EL Schweineschmalz ,
3–4 zentimetergroß gewürfelte Zwiebel,
1 EL Tomatenmark,
1 TL Delikatesspaprika,
3–4 Knoblauchzehen,
Salz,
1/2 TL Kümmel,
1 TL getrockneter Majoran,
3 Lorbeerblätter,
1 kg fest kochende Kartoffeln (Sieglinde),
1/2 l Rinderbrühe,
je 1/2 rote, grüne und gelbe Paprikaschote,
2–3 geräucherte grobe Bauernwürste,
Essig,
Zucker

2

3

1 Den Speck fein würfeln und im Schmalz sanft ausbraten. Zwiebeln zufügen, wenn sie glasig sind, das Tomatenmark unterrühren. Paprika darüber stäuben, Knoblauch hineinpressen, Salz, Kümmel, Majoran und Lorbeer in den Topf geben.

2 Geschälte, halbierte oder sogar geviertelte Kartoffeln zufügen, Brühe angießen und einen Schuss Wasser, bis alles nur knapp bedeckt ist. Eine halbe Stunde köcheln, bis die Kartoffeln gar sind.

3 Für die letzten fünf Minuten in Würfel geschnittene Paprika und Wurstscheiben zufügen. Noch einmal abschmecken, mit einem Schuss Essig und einer Prise Zucker für die Süße. In tiefen Tellern servieren.

4 Übrigens gilt auch für diesen Eintopf: Wofür man ganz besonders schwärmt, wenn er wieder aufgewärmt...

Mohnnudeln

Eine österreichische Mehlspeise, die jeden! schwach macht: Dafür Kartoffelteig nur mit einer ganz kleinen Prise Salz würzen, natürlich keinen Pfeffer, sondern etwas zerlassene, abgekühlte Butter einarbeiten – das macht den Kartoffelteig besonders duftig.

Für 4–6 Personen:

500 g mehlige Kartoffeln,
Salz,
50 g Butter,
2 Eigelb,
120 g griffiges Mehl

Außerdem:

griffiges Mehl zum Bestäuben,
Salz,
50 g Butter,
100 g gemahlener Mohn,
50 g Kristallzucker,
50 g Puderzucker

1 Die Kartoffeln in der Schale kochen, ausdampfen lassen, aber noch heiß pellen und sofort durch die Presse oder ein Sieb drücken.

2 Auf einem Blech oder Tablett ausbreiten, auskühlen und trocknen. Mit einer Prise Salz würzen, die flüssige, mit Eigelb verquirlte Butter darüber träufeln und zwei Drittel des Mehls darüberstäuben. Rasch, mit kühlen Händen, einen Teig formen, so viel Mehl zufügen, bis nichts mehr klebt.

3 Zwei gleich starke Rollen formen, walnussgroße Stücke abschneiden und leicht mit griffigem Mehl bestäuben. Die Stücke zwischen den Handflächen rubbeln, wuzeln, wie die Österreicher sagen, und schließlich in reichlich siedendem Salzwasser etwa acht Minuten ziehen lassen.

4 Zum Servieren die Butter in einer großen Pfanne erhitzen, den Mohn und Kristallzucker zufügen und sogleich die Nudeln. Alles gut durchschütteln und schwenken und ganz zum Schluss mit Puderzucker bestäuben.

TIPP

Am besten portionsweise arbeiten! Dazu eine Fruchtsauce reichen, Marillen- oder Zwetschgenröster, wie die Österreicher sagen würden. Also Aprikosensauce oder eine fruchtige Sauce aus Zwetschgen. Oder ein Kompott.

Ungarischer Hirten-Kartoffeltopf

Ein Eintopf, der mit seinen bunten Farben fröhlich aussieht. Besonders fein schmeckt er, wenn man die Paprika vorher schält – das geht mit dem Kartoffelsparschäler ganz einfach. Dadurch werden die Paprika bekömmlicher!

Für 6 Personen:

500–750 g geschälte Kartoffeln, fest kochende Sorte,
je 2 rote, grüne und gelbe Paprikaschoten,
3 große Zwiebeln,
4 EL Schweine- oder auch Gänseschmalz,
2 l Wasser,
Salz,
Pfeffer,
2 EL Paprika edelsüß,
6 Debrecziner Würste,
1 großes Bund Dill,
6 EL saure Sahne

1 Kartoffeln vierteln, Paprikaschoten entkernen und in Streifen, Zwiebeln in Ringe schneiden. Zwiebeln in einem großen Topf in reichlich Schmalz anschwitzen, gerade eben etwas Farbe nehmen lassen. Paprikastreifen und Kartoffeln zufügen. Wasser aufgießen, würzen und etwa 25 Minuten leise köcheln. Erst in den letzten 10–12 Minuten die Würste mitziehen lassen.

2 Bevor Sie servieren, die Würste in Scheiben schneiden, wieder in die Suppe geben. Mit gehacktem Dill bestreuen und servieren. In jeden Teller kommt ein ordentlicher Klacks saurer Sahne.

Kartoffelsuppe mit Gemüse

Eine Kartoffelsuppe der ganz anderen Art: Hier werden sie nämlich nicht zum Binden püriert, sondern sie werden wie Gemüse behandelt. Eine klare Suppe also, mit vielerlei buntem Gemüse als Einlage, ähnlich wie die große bunte Gemüsesuppe aus Italien, die Minestrone.

Für 4 Personen:

250 g kleine geschälte Salatkartoffeln,
Salz,
1 l Fleischbrühe,
2 Möhren,
2 kleine Artischocken,
Saft einer Zitrone,
2 Stangen Sellerie,
1 rote Chilischote,
4 schwarze Oliven,
1 Hand voll Blattspinat,
weißer Pfeffer,
1 TL rosa Pfefferbeeren,
einige Kerbelblättchen – ersatzweise Petersilie oder Basilikum,
dazu frisch geriebener Parmesan

1 Geschälte Kartoffeln vierteln und in Salzwasser fast gar kochen. Gleichzeitig auch die Brühe aufsetzen und darin in der angegebenen Reihenfolge die Gemüsezutaten gar kochen. Möhren in Scheiben oder Sterne hobeln (dazu der Länge nach rundum kleine Rillen einschneiden, dann entstehen beim Aufschneiden die Sternchen) und hinzufügen. Artischocken rigoros abschälen, bis nur noch das zarte Herz übrig ist. Das Heu herauslösen, die Herzen vierteln und mit Zitronensaft abreiben; in die Brühe geben.

2 Selleriestängel abspülen, die an ihrem Rücken verlaufenden Fäden abziehen, in Scheiben schneiden und dazu fügen. Chilischoten in Ringe schneiden und sie entkernen, mit den Oliven (nach Belieben entkernt und in Scheiben geschnitten) sowie den gewaschenen und entstielten Spinatblättern in die Suppe geben.

3 Aufkochen lassen, Kartoffelviertel zufügen, mit Zitronensaft, grob gemahlenem Pfeffer, Pfefferbeeren und Kräutern würzen. Sofort mit Parmesan bestreut servieren. Frisch geriebenen Parmesan zum Nachwürzen auf den Tisch stellen.

TIPP

Wenn Sie nicht die Zeit haben, die Suppe wie angegeben frisch zuzubereiten, so können Sie die Gemüse im Voraus kurz knackig gar kochen, dann eiskalt abschrecken und zugedeckt im Kühlschrank bereithalten.

Varianten: Als Gemüsesorten Blumenkohlröschen, grüne Bohnen, Erbschen und ganz zum Schluss geschälte und entkernte Tomatenviertel sowie einige Basilikumblättchen nehmen. Oder Möhren, Lauch, Wirsingblätter und viel Petersilie. Oder auch Möhren, Sellerie, Zwiebeln und Mangold. Oder Spargel mit Morcheln und Kerbel.

Kartoffelsuppe mit Speck

Das ist die herzhafte Variante der Kartoffelsuppe – je nach Region wird sie mit mehr oder weniger Majoran gewürzt, anderswo liebt man viel Petersilie drin oder auch reichlich Kerbel. So bekommt die immer selbe Suppe jedesmal ein völlig neues Aroma.

Für 4 Personen:

250 g nur leicht geräucherter Brustspeck,
2 Zwiebeln,
2 Knoblauchzehen,
1 kg mehlig-fest kochende Kartoffeln,
1 1/2 l Fleischbrühe,
Salz,
Essig,
Pfeffer,
Muskat,
etwas abgeriebene Zitronenschale,
1 Bund Petersilie

1 Speck würfeln und auslassen. Zwiebeln hacken und ebenfalls in den Topf geben – nicht bräunen lassen! Gehackten Knoblauch und geschälte, in kleine Würfel geschnittene Kartoffeln zugeben.

2 Mit Fleischbrühe gut bedecken und in ca. 20 Minuten weich kochen – die Suppe soll durch die austretende Kartoffelstärke und die verkochenden Stücke gebunden sein, jedoch nicht ganz glatt werden.

3 Mit den angegebenen Zutaten kräftig abschmecken.

4 Diese Suppe ist ein Hauptgericht. Dazu reicht man in Süddeutschland gern einen Kuchen (meist Zwetschgenkuchen). Es können aber ebenso ein paar Würstchen sein.

Kartoffelsuppe mit Tomaten

Einfach umwerfend, wie vielfältig man Kartoffelsuppen abwandeln kann. Diese mehr mediterrane Variante steckt voller Sonnenaroma. Die Süße der Tomaten hebt die Sanftheit der Kartoffeln. Wer will, streut sich in seinen Teller frisch geriebenen Parmesan!

Für 4 Personen:

2 Zwiebeln,
6 Knoblauchzehen,
50 g Butter
3/4 l Fleischbrühe,
500 g mehlig kochende Kartoffeln,
1 kg reife, aber feste Fleisch- oder Eiertomaten,
150–175 g Crème fraîche,
Salz,
Pfeffer,
1 Bund Petersilie

1 Zwiebeln und Knoblauchzehen hacken, und in der Butter anschwitzen, jedoch nicht braten. Fleischbrühe angießen und die Kartoffeln in groben Würfeln zufügen. Kochen, bis die Würfel weich sind und fast zerfallen.

2 Unterdessen die Tomaten überbrühen, kalt abschrecken, häuten, in Halbmonde schneiden, dann entkernen. Petersilie hacken.

3 Die Suppe abschmecken und Crème fraîche hineinrühren – nicht daran sparen: die Suppe soll perlmuttern schimmern.

4 Die Tomatenmonde einlegen und erwärmen. Mit Salz sowie frisch gemahlenem Pfeffer abschmecken und mit Petersilie bestreut servieren.

TIPP

Sehr gut auch, wenn man statt der Butter Olivenöl und dann statt Petersilie Basilikum nimmt. Nach Belieben zusätzlich mit gehackten Kapern würzen.

Bunte Kartoffelsuppe

Eine besonders edle, sehr sanfte, fast sahnig wirkende Version der Kartoffelsuppe, dank der durch ein Sieb gestrichenen Kartoffeln. Die Suppe wirkt um so eleganter, je feiner, akkurater und gleichmäßiger die Gemüsewürfel geschnitten sind.

Für 6–8 Personen:

1 kg Kartoffeln,
1 1/2 l Fleischbrühe,
1 Möhre,
1/2 Zitrone,
ca. 30 g Butter,
1 Hauch gemahlener. Kreuzkümmel (Fenchelsamen geht ebenfalls),
1 Stange Lauch (Porree),
Salz,
1/4 Sellerieknolle,
2 Petersilienwurzeln,
4 EL tiefgekühlte Erbsen,
1 große reife Fleischtomate,
je 1/2 rote und gelbe Paprikaschote,
4–5 EL süße Sahne,
Pfeffer,
einige Estragonblättchen (ersatzweise Kerbel oder Petersilie)

1 Kartoffeln schälen, klein schneiden und in der Brühe ganz weich kochen, durch ein Sieb streichen oder im Mixer pürieren.

2 Möhren in feinste Streifchen schneiden, mit etwas Zitronensaft in wenig Butter weich dünsten, mit Kreuzkümmel würzen.

3 Lauch in Halbringe schneiden, in Salzwasser kurz blanchieren und abschrecken, damit die schöne grüne Farbe erhalten bleibt.

4 Sellerie und Petersilienwurzeln in Streifchen schneiden, ebenfalls kurz blanchieren und abschrecken, dann in einem Teelöffel Butter dünsten. Erbsen zuerst auftauen lassen. Tomate kurz in kochendes Wasser halten, eiskalt abschrecken, häuten, entkernen und würfeln. Den Paprika in winzige Würfelchen schneiden und diese dann kurz in der restlichen Butter anrösten.

5 Alle Gemüse in die Suppe geben, diese mit etwas Sahne verrühren und würzen. Mit reichlich gehacktem Estragon bestreut servieren.

TIPP

Schmeckt auch mit gedünsteten Zucchiniwürfeln, Kürbisstreifen oder Gurkenkügelchen.

KLOSTERERDÄPFEL

Die Klosterbrüder, das weiß jedes Kind, haben schon immer gewusst, was gut schmeckt. Auch dieses Kartoffelgericht ist wieder ein Beweis dafür: Von klösterlicher Einfachheit, aber von geradezu unverschämt köstlichem Geschmack. Und obendrein praktisch zuzubereiten!

Für 4 Personen:

1 kg kleine, mehlig-fest kochende Kartoffeln,
2 EL Kümmel,
Wasser,
Salz,
9–12 Eier,
etwa 1 Bund Petersilie

1 Zuerst die Kartoffeln schälen, sodann den Kümmel gut in einem Teebeutel oder Kaffeefilter verschließen, Kartoffeln mit Wasser aufsetzen, salzen und den Kümmelbeutel einlegen.

2 Kartoffeln weich kochen, bis sie kurz vor dem Zerfallen sind. Wasser vorsichtig abgießen und die Kartoffeln auf eine feuerfeste Platte, in einen Bräter oder eine Pfanne stürzen – sie sind jetzt fast wie ein Brei, aber eben noch nicht ganz: Zwischen den einzelnen Knollen gibt es immer noch Vertiefungen, in die nun die Eier geschlagen werden, bis die Kartoffeln fast vollkommen von ihnen bedeckt sind. Wie viele Eier Sie nehmen, hängt natürlich auch vom Appetit Ihrer Tischgenossen ab.

3 Kartoffeln und Eier müssen nun noch so lange auf der milde geheizten Herdplatte stehen, bis die Eier so gar geworden sind, wie Sie es wünschen – wachsweich oder sogar steif. Die Kartoffeln, von denen man natürlich das Kümmelbeutelchen entfernt hat, können dabei ein wenig ausdampfen und abbinden, sodass sie nun viel weniger breiig sind, als man nach dem Kochen vermuten musste.

4 Mit gehackter Petersilie bestreut servieren – dazu gibt es zur Fastenzeit als Beilage sauer eingelegten Sellerie und Rote Bete. Oder man serviert die Klostererdäpfel als Beilage zu Braten, gebratenen Speckscheiben oder gekochtem Rindfleisch an »freien« kalten Tagen.

TIPP

Getränk: Hierzu passt vorzüglich ein leichter Rotwein, etwa ein Südtiroler – natürlich auch ein kühles Bier.

Kartoffeln mit Bohnen und Äpfeln

Man muss zugeben: Einen Schönheitswettbewerb wird dieses Gericht nicht gewinnen, durch die Säure der Äpfel färben sich die Bohnen beim Kochen grau. Aber wenn man alles miteinander richtig durchmischt, dann schmeckt die Sache so wunderbar, dass keiner mehr nach dem Aussehen fragt!

Für 4 Personen:

2 Zwiebeln,
30 g Butter oder Margarine,
1 Knoblauchzehe,
einige Zweige Thymian oder Bohnenkraut,
1 kg geschälte Kartoffeln in Würfeln,
750 g geputzte und gefädelte Bohnen,
2 Äpfel (Boskoop oder Gravensteiner),
1 Prise Salz,
2 EL Zucker,
2 EL Essig oder Zitronensaft,
eventuell etwas Wasser, oder Fleischbrühe,
frische Kräuter nach Belieben,
Pfeffer

1 Zwiebeln fein würfeln und im Fett in einem großen Topf glasig dünsten, nicht anbraten lassen. Zum Schluss die gehackte Knoblauchzehe und einige Kräuterzweige hinzufügen.

2 Kartoffeln, Bohnen und die geschälten, entkernten und in Schnitze geteilten Äpfel zufügen, ebenso Salz, Zucker und Essig (oder Zitronensaft), alles durchmischen. Deckel auflegen und bei milder Hitze Saft ziehen lassen – eventuell etwas Fleischbrühe oder Wasser angießen. Aber Achtung: Es soll eine Art Brei, keine Suppe entstehen. Ungefähr 20 Minuten köcheln lassen.

3 Abschmecken mit Salz, Zucker, Säure, Pfeffer und frischen Kräutern (Bohnenkraut, Petersilie, auch Dill) und so, am besten kurz mit dem Kartoffelstampfer durchgedrückt, servieren.

TIPP

Schmeckt prima zu Braten, gekochtem Schinken oder den süddeutschen Brühwürsten.

Berliner Topf mit Lammfleisch

Die Lämmer aus der Schorfheide, nördlich von Berlin, sind besonders schmackhaft.

Für 4 Personen:

500 g mehlig-kochende Kartoffeln in Scheiben,
500 g Lammfleisch aus der Schulter in großen Würfeln – von Sehnen und Fett gesäubert,
500 g Zwiebeln in Ringen,
200 g Crème fraîche,
400 g saure Sahne,
Salz,
Pfeffer aus der Mühle,
nach Belieben etwas Muskat oder Bohnenkraut

1 Kartoffeln, Fleisch und Zwiebeln vorbereiten, Crème fraîche und saure Sahne vermischen. Fleisch mit Salz, viel Pfeffer und nach Belieben Muskat oder ein wenig Bohnenkraut bestreuen und gründlich umwenden.

2 Kartoffeln, Fleisch und Zwiebeln abwechselnd in eine Auflaufform schichten und mit der Sahnemischung übergießen. Die Form mit Alufolie dicht verschließen und 2 1/2 bis 3 Stunden ins leise kochende Wasserbad stellen.

3 In der Form zu Tisch bringen. Dazu schmeckt gut ein Gurken- oder Endiviensalat. Und als Getränk: Ein kräftiger, trockener Rotwein (Amselfelder, Plavac, Sangiovese di Romagna, Rioja, Landwein aus Südfrankreich).

TIPP

Für diesen Eintopf ist eine Puddingform gut geeignet, allerdings sollte sie nicht aus Aluminium sein, sondern aus Steingut oder Porzellan, denn die Zwiebeln greifen das Metall an, oxidieren und bekommen einen unangenehmen Geschmack. Selbstverständlich ist eine normale Auflaufform genauso gut geeignet.

Emmentaler Käskartoffeln

Eine herzhafte Mahlzeit, wie sie die Senner auf den Bergen gerne essen (aßen). Die Zutaten dafür sind selbst auf der abgelegensten Alm zur Hand. Wer auf Fleisch nicht verzichten mag, serviert dazu luftgetrockneten Speck oder Schinken, in hauchdünnen Scheiben.

Für 4 Personen:

1 kg gekochte Kartoffeln vom Vortag,
ca. 20 g zimmerwarme Butter,
250 g Emmentaler (aus der Schweiz),
150 g saure Sahne,
Majoran,
Pfeffer,
1/4 l süße Sahne,
3 Eier

1 Alle Kartoffeln schälen und in Scheiben schneiden. Eine irdene Backform mit der weichen Butter dick ausfetten. Ein Drittel der Kartoffelscheiben einlegen, mit 75 g Emmentaler überreiben und die Hälfte der sauren Sahne darüber verteilen.

2 Mit Majoran (die getrockneten Blättchen in eine Hand schütten, mit dem Daumen der anderen Hand zerreiben, damit sich das Aroma entfalten kann) und Pfeffer aus der Mühle würzen – nicht salzen, denn der Käse ist salzig genug.

3 Darauf wiederum eine Lage aus dem zweiten Drittel der Kartoffelscheiben auslegen, ebenfalls ca. 75 g Käse darüberreiben, saure Sahne auftragen und würzen. Mit dem letzten Drittel der Kartoffelscheiben bedecken. Die süße Sahne mit den übrigen 100 g Käse und den Eiern vermischen und über die Kartoffeln gießen.

4 Im nur 180 Grad heißen Ofen 20–25 Minuten backen, dann noch kurz unter den heißen Grill schieben, damit eine schöne goldene Oberfläche entsteht.

TIPP

Wichtig: Damit die Kartoffeln schön saftig bleiben, der Käse keine zähen Fäden zieht, bitte nicht zu heiß und nicht zu lange backen! Haben Sie keinen Grill, so schieben Sie den Auflauf in den kalten Ofen, und zwar auf die oberste Schiene. Dann den Herd einschalten und die Kartoffeln gut 30 Minuten backen.

Was noch dazu gut schmeckt: eine Riesenschüssel mit knackigem Salat. Der wächst ja schließlich auch hoch in dem Bergen, und wenn es wilde Wiesenkräuter sind …

Bezugsadressen

Wir leben auf dem Land, ziemlich weit weg von interessant bestückten Märkten und von Delikatessgeschäften mit ausgesuchtem Angebot. Wenn wir auch in der glücklichen Lage sind, eine Menge ungewöhnlicher oder gar fremdartiger Zutaten und Lebensmittel auf unseren vielen berufsbedingten Reisen mitbringen zu können, so fehlt uns doch häufig die Möglichkeit zum gezielten Ein- und Nachkauf. Da trifft es sich gut, dass viele kleine, noch handwerklich arbeitende Hersteller inzwischen ihre rare Ware lieber über Versandhäuser vertreiben, die sich auf solche Nischenprodukte spezialisiert haben. Deutsche Weine bestellen wir bei den Winzern, die wir mögen, am liebsten direkt. Hier einige Adressen, die wir Ihnen empfehlen möchten.

Vincent Becker
Gewerbestraße 11
79285 Ebringen bei Freiburg
Tel. 0 76 64/9 79 80
Fax 0 76 64/97 98 99
Ein gut sortierter Spezialitätenversand, bei dem wir u.a. edle Öle und Essige aus Italien, Deutschland und Österreich (Gölles) beziehen. Auch den praktischen Essig-Sprühflakon sowie das fabelhafte Spezialgerät, mit dem man Kartoffeln und andere Gemüse in spaghettifeine Streifen schneiden kann. Außerdem gibt es hier eine interessante Auswahl von Weinen und Champagner. Ein Riesenangebot feinster Marmeladen und Konfitüren, großartige Spezereien und eingelegte Delikatessen aus Italien.

Firma Ing. G. Beckmann KG
Simoniusstraße 10
Industriegebiet Atzenberg
88239 Wangen/Allgäu
Tel. 0 75 22/60 65
Fax 0 75 22/2 21 15
Kataloganforderung auch über www.beckmann-kg.de
Hier kann man Gewächshäuser, Folientunnel und alle für den Gartenbau nötigen Gerätschaften bestellen.

Bos Food
Tussmannstraße 67
40477 Düsseldorf
Tel. 02 11/48 60 81
Fax 02 11/44 30 43
e-mail: bos.food@t-online.de
Feinkost und Lebensmittel-Spezialitäten aus aller Welt, auch Profi-Utensilien für die Küche.

CULINARIA
Gut Neunthausen
72172 Sulz-Hopfau
Wir haben uns hübsche Bistro-Schürzen besticken lassen: »Kochen mit Martina Meuth & Bernd Neuner-Duttenhofer«. Roter Schriftzug auf weißer Halbschürze. Sie können Sie, wenn Sie Lust haben, bestellen. Preis: DM 75.– inkl. MWSt und Versandpauschale. Außerdem können Sie unsere Bücher hier beziehen, auf Wunsch mit persönlicher Widmung.

GARIBALDI
Frohschammerstraße 14
80807 München
Tel. 0 89/3 59 02 22
Fax 0 89/3 59 29 29
Die wohl größte Auswahl an italienischen Weinen, die man in Deutschland finden kann. Außerdem Produkte und Spezereien, Eingelegtes, Mariniertes, Süßigkeiten, Pasta, sogar zur Saison weiße Trüffeln! Riesenauswahl an Olivenöl aus den verschiedenen Regionen Italiens.

Kräuterzauber
Auf dem Berg 166
27367 Horstedt
Tel. 0 42 88/92 85 58
Fax 0 42 88/92 85 59
e-mail: info@kraeuterzauber.de
Dort kann man eine Vielzahl von Samen, auch Pflänzchen von den unglaublichsten Kräutern und Gewürzen bekommen; eine fantastische Auswahl an Chilis, nicht nur die gängigen europäischen Arten, sondern auch Baumchili, Habanero, die mexikanischen Ancho, Pasilla, Serrano und Jalapeño sowie Thai-, Tabasco-, Cayenne-, sibirischen Haus-Chili u. a.

LANDART OeG
Egelseestraße 44
A-4866 Unterach am Attersee
Tel. 00 43/76 65 60 11
Fax 00 43/76 65 60 11 20
Fleisch von glücklichen Rindern und Ochsen, von naturnah gezogenen Schweinen, Geflügel, Wild, Eier, Sahne und andere landwirtschaftliche Produkte. Werden vakuumverpackt frisch geliefert – erstklassige Qualität!

MANUFACTUM
Hiberniastraße 5
45731 Waltrop
Tel. 0 23 09/93 90 50
Fax 0 23 09/93 98 00
Gute, handwerklich hergestellte Gerätschaften für Küche, Haus und Garten.

Thomas Späth
Franz-Joseph-Straße 43
80801 München
Tel. 0 89/34 47 61
Fax 0 89/39 98 63
Spezialisiert auf österreichische Weine und Spirituosen, außerdem eine schöne Auswahl Piemonteser Weine.

Tivona Alimentaria
Im Klapperhof 33
50670 Köln
Tel. 02 21/12 04 47
Fax 02 21/12 30 90
Eine interessante Auswahl von Balsamessigen (z. B. mit weißen Trüffeln gewürzt), auch Essige aus Spanien (z. B. sehr alten Sherryessig). Hervorragend auch die Qualität der Zutaten aus Spanien und Italien: Pasta, Hülsenfrüchte, verschiedene Reissorten.

Weinessiggut Doktorenhof
67482 Venningen
Tel. 0 63 23/55 05
Fax 0 63 23/69 37

Register